KB203898

이 책은 좋으신 하나님을 만나 구원받아 "동성 간 끌림"을 극복한 사람의 이야기이다. 동성애에서 벗어난 간증은 많지만, 이 이야기는 특히 진실하고 구체적이며 이야기를 풀어가는 솜씨가 대단하다. 나 자신도 큰 감동을 받았다. 이 책은 성령에 이끌린 은총으로 회심한 저자가 하나님이 자기를 여자로 만드신 뜻을 깨닫고 하나님을 사랑하는 여성으로 변화되는 과정을 그리고 있다. 또한 하나님께 돌아온 이후에 지속되는 유혹과의 치열한 싸움과 승리, 크리스천 공동체의 도움 등을 그리고 있다. 또한 한 레즈비언이 동성애에서 벗어난 이후의 삶도 실감나게 잘 그리고 있다. 그것은 한 여성이 신앙 안에서 한 남자를 만나고 사랑하고 싸우고 결혼하고 임신하고 출산하는 과정이다. 그것은 그것대로 힘든 과정이었다. 크리스천은 물론 크리스천이 아니더라도 이 책은 동성애와 사랑과 결혼에 대해 생각을 새로이 하게 해줄 것이다. 여러분 모두 한 번 읽어보기를 강력하게 권한다.

— **민성길** 연세의대 명예교수, 정신과 의사

이 책은 레즈비언이었던 재키 힐 페리의 회심과 그 이후의 삶의 이야기를 다룬 자전적 실화이다. 이 책은 탄탄한 신학적 기반 위에서 동성애의 문제를 다루고 있다. 동성애는 결코 선천적인 것이 아니며, 회개하고 그리스도를 믿는 자들은 이 유혹에 맞서 싸울 수 있고 이길 수 있다는 것을 저자는 자신의 체험을 통해 증거한다. 나아가 이 책은 하나님의 은혜 안에서 죄와 싸우라고 독려하며 하나님의 은총을 입은 영혼이 그리스도 안에서 성장해가는 과정을 담고 있다. 이 책 모든 페이지에 하나님의 선하심이 빛난다.

— **염안섭** 수동연세요양병원 원장, 레인보우리턴즈 대표 운영자

Gay Girl, Good God

게이 걸, 굿 갓

지은이   재키 힐 페리
옮긴이   조계광
펴낸이   김종진
초판 발행 2020. 11. 11.
등록번호 제2018-000357호
등록된 곳 서울특별시 강남구 선릉로107길 15, 202호
발행처   개혁된실천사
전화번호 02)6052-9696
이메일   mail@dailylearning.co.kr
웹사이트 www.dailylearning.co.kr

책값은 뒤표지에 있습니다.
ISBN 979-11-89697-05-1 03230

GOOD

GOD

게
이
걸,
굿
갓

재키 힐 페리 지음 ― 조계광 옮김

개혁된실천사

목차

2부 새로워진 나

3부 동성 간 끌림 그리고…

Dedicated to...

하나님

프레스턴

에덴

어머니

산토리아

브라이언

멜로디

기독교 성윤리 연구소

1. 기독교 성윤리 연구소 소개

분당우리교회(담임 이찬수)의 후원으로 발족한 기독교 성윤리 연구소는 개혁주의 신앙을 바탕으로 다음세대에게 성경적 성윤리를 세우는 것을 사명으로 합니다.

하나님이 만드신 창조질서를 거슬러 일어나는 성적 일탈과 성경적 가치관을 왜곡하는 문화 속에서 성경만이 유일한 진리의 기준임을 제시하고자 합니다.

나아가 감각적인 문화 속에서 본능대로 살지 않고 말씀대로 사는 다음세대를 길러내기 위해 성경을 기준으로 우리 삶의 문제들을 조명하고자 합니다.

동성애를 시작으로 하여 성적 타락의 실태와 심각성을 살펴 경종을 울리고, 건강한 가정을 제시하여 모두가 행복한 삶을 살 수 있도록 돕는 사역을 펼쳐 나갈 것입니다.

이를 위해 기독교 성윤리 연구소는 교회와 다음세대를 세우는 성경적이고 통찰력 있는 연구 결과를 제공하기 위해 노력하겠습니다.

감사합니다.

2. 기독교 성윤리 연구소 사역 소개

기독교 성윤리 연구소에서 섬기는 사역은 아래와 같습니다.

첫째로, 기독교 성윤리에 관련된 해외의 좋은 자료를 소개합니다.

TGC(The Gospel Coalition), CBMW(Council on Biblical Manhood & Womanhood), Desiring God과 같은 복음 중심적 신앙을 바탕으로 한 단체들의 성윤리 관련 최신 동영상 자료, 기사를 번역하여 한국 교회에 소개합니다. 뿐만 아니라 해외 기독교 성교육 교재를 보급하여 기독교적 가치관 안에서 나이, 성별에 따라 맞춤식 성교육을 할 수 있도록 합니다. 또한 국내에 미출간된 양질의 도서를 국내에 소개하여 기독교 성윤리 문화의 저변을 확대합니다.

둘째로, 기독교 성윤리 관련 강연 및 북토크를 진행합니다.

관련 전문가를 정기적으로 초빙해 강연을 진행하고 다음세대 성교육에 대한 고민과 함께 기독교적인 대안을 세워갑니다.

셋째로, 기독교 성윤리 관련 교육용 컨텐츠를 개발합니다.

다양한 성윤리 이슈를 연구하고 정리하여 다음세대와 소통할 수 있는 다양한 교육용 콘텐츠 자료를 개발하여 제공합니다.

연락처 wooriinst@gmail.com

재키 힐 페리와 나는 공통점이 거의 없다.

그녀는 밀레니얼 세대이자 흑인이고, 나는 베이비붐 세대이자 백인이다. 그녀는 자녀를 사랑할 줄 모르는 무책임한 아버지에게 버림받은 상태로 홀어머니 밑에서 성장했고, 나는 자녀들을 깊이 사랑하며 금슬 좋은 행복한 결혼생활을 영위했던 부모님 밑에서 성장했다. 재키는 그녀의 유일한 형제인 오빠보다 열여섯 살 아래이고, 나는 여섯 동생을 둔 집안의 장녀다.

재키는 힙합 아티스트이다. 그와는 달리 나는 피아노를 전공했는데도 리듬 감각이 전혀 없으며, 1910년 이전에 나온 음악을 좋아한다. 그녀는 언어로 마음의 캔버스에 그림을 그려 생각과 감정을 자극하는 능력이 뛰어난 시인이고, 나는 조목조목 요점을 짚어

가며 일목요연하게 글을 쓰거나 말하는 것을 좋아하는 유형이다.

재키는 고등학교 시절에 처음 동성애를 경험했고, 나는 고등학교를 졸업하고 나서 한참이 지날 때까지도 동성애자를 본 적도 없고, 심지어는 "동성애"라는 말조차 들어본 적이 없었다. 또한 그녀는 십 대 후반이 될 때까지 예수님을 만나지 못했고, 나는 내가 기억하는 한 일찍이 네 살 때 그리스도를 믿어 구원을 받았다.

재키를 알게 되면서 새롭게 경험한 것이 많았다. 그 가운데 하나는 언어의 의미를 폭넓게 사용하는 재주였다. 예를 들어, 전에 그녀가 섬기고 있던 사역에 관해 메시지를 주고받은 적이 있었는데 그때 그녀는 "아주 마약 같은 사역이에요."라고 말했다. 그 말에 나는 "마약이라고?"라고 의아해했다. 나는 "여기서 마약은 '놀랍다' 또는 '멋지다'라는 뜻을 가진 속어예요."라는 그녀의 친절한 설명을 듣고 나서야 "마약"이 그런 의미로 사용되는 줄 처음 알았다 (나는 그 말에 "완전히 헷갈렸네. 그들이 마약을 하지 않아 정말 다행이야."라고 대답했다). 우리는 한바탕 크게 웃었다.

그렇다. 우리는 서로 친구가 될 가능성이 희박했다. 그러나 비록 서로 많은 것이 달랐지만, 우리의 삶과 마음은 구주를 필요로 하는 우리의 공통된 필요와 그리스도로부터 받은 풍성한 은혜를 통해 하나로 단단하게 뭉쳐졌다. 우리는 둘 다 하나님의 말씀을 사랑할 뿐 아니라, 건전한 교리를 참되고 필요한 것으로 또한 아름답고 선한 것으로 여겨 소중히 하고 거기 단단히 붙어 있는다. 더군다나 그녀가 깊은 지혜와 분별력을 겸비하고 있고, 하나님이 그녀의 대담하고 명확한 목소리를 자신의 도구로 사용하고 계신 다는 사실까지 알고 나니 나는 재키와 그녀의 남편 프레스턴을 열 렬히 응원하는 치어리더가 되지 않을 수 없었다.

하나님의 섭리 아래 내가 쓴 두 권의 책, 『여성들이 믿는 거짓 말과 그들을 자유롭게 하는 진리』*Lies Women Believe and the Truth that Sets Them Free*와 『하나님을 추구하는 삶』*Seeking Him*(팀 그리섬과 공동 저 술)이 재키가 새 신자였을 무렵에 그녀의 제자화 과정에서 매우 중 요한 역할을 했다. 최근에는 그녀의 글과 강연과 소셜 미디어 활 동이 나의 제자화 과정에 영향을 미쳐 그리스도에 대한 나의 사랑 을 더욱 깊어지게 했고, 우리의 삶 구석구석까지 변화를 일으키는 복음의 능력을 더욱더 분명하게 의식하게끔 도와주었다. 따라서 재키가 이 책을 위해 추천의 글을 써달라고 부탁했을 때 나는 무 척이나 영광스러웠다.

나는 이 책의 원고를 읽는 동안 내 곁에서 노트북으로 일하고 있던 남편을 연신 방해하며 나를 놀라게 만든 문장과 단락을 함 께 읽곤 했다. 남편 로버트는 "그녀는 다른 사람들이 보지 못하는 것을 보고 있군."이라고 말했다. 그의 말은 정확했다. 그녀는 대 다수 사람이 할 수 없는 방식으로 상황을 묘사하는 능력이 매우 뛰어나다.

이 책의 제목을 처음 들었을 때는 솔직히 조금 마뜩잖은 생각이 들었다. "게이 걸"이라고? 거부감이 느껴졌지만 이내 그녀가 지금은 더 이상 동성애자가 아니라는 사실이 생각났다. 원고의 내용에 깊이 빠져들수록, 내가 처음에 이해했던 것이 정확히 이 책의 요지를 드러내고 있다는 확신이 짙어졌다. 재키는 자신의 과거 모습을 있는 그대로 솔직하게 묘사했다. 그것은 "하나님이 어떤 분이신지"를 명확하게 드러내어 알리는 데 아주 적합한 배경을 형성했다. 그 두 가지, 즉 그녀의 타락과 절망 및 하나님의 구원의 사랑과 은혜에 대한 그녀의 이해와 경험은 하나님이 말씀 안에서 계시하신 진리에 단단하게 뿌리를 두고 있다.

이 책은 대충 읽거나 빠르게 읽고 치워버릴 책이 아니라 깊이 생각하며 음미해야 할 책이다. 그 이유는 재키가 성경의 가르침과 실제 경험을 바탕으로 편모 가정, 학대, 동성애, 정체성, 유혹, 복음으로 정욕에 맞서 싸우는 삶, 여성성에 대한 오해와 같은 문제들을 심도 있게 다루고 있기 때문이다. 그녀는 이 책 곳곳에서 자기와 살아온 이야기가 비슷하든 다르든 상관없이 회개와 믿음 안에서 주님께 나오는 모든 사람을 구원하고, 변화시키고, 보존하는 복음의 능력과 죄인들을 사랑하시는 구세주를 증언하고 있다.

재키는 이렇게 결론지었다.

"하나님이 나의 영혼을 위해 하신 일은 말해줄 가치가 있다. 그 이유는 그분은 우리가 알아야 하고, 보아야 하고, 들어야 하고, 사랑해야 하고, 신뢰해야 하고, 높이 찬양해야 할 가치를 지니고 계시기 때문이다. 하나님이 내 영혼을 위해 하신 일을 당신에게 들려주는 이유는 당신도 나의 예배에 동참하도록 촉구하기 위해서다."

자, 모두 와서 보고 듣고 사랑하고 신뢰하고 높이 우러르라. 모두 와서 예배하라.

낸시 데모스 올게무스

2018년 9월

시작하는 말

나는 사랑의 마음으로 이 책을 썼다. 사랑이란 말이 오늘날 너무나 맥락에 안 맞게 사용되곤 하지만, 이 책을 사랑이 우러나는 마음으로 썼다고 한 것은 내 내면을 잘못 전달한 것이 아니다. 이 책은 내 안의 진짜 사랑의 결과물이다.

이 책을 쓰기 전에 나는 이 책의 단어들을 삶으로 살아내었다. 한때 동성애자였다고? 그렇다. 그러면 지금은? 지금은 내 영혼에 은혜가 임했고 하나님의 선하심이 내게 역사하신다.

이런 말을 하면 이미 누군가는 못마땅해할 것이 틀림없다. 나는 이 책을 읽는 모든 사람이 이 책에 기록된 모든 내용에 동의할 것이라고 생각하지 않는다. 이 책을 읽는 사람들 가운데는 '동성애자임'gayness(어떤 사람의 정체성이 동성애자라는 것을 의미함—편집주)을 과거

시제로 말하는 것이 가능한지를 이해하지 못할 사람들이 많을 것이다. 그들은 분명 동성애자이든지, 아니면 아예 동성애자였던 적이 없든지 둘 중에 하나라고 생각할 것이다. 그러나 내 생각은 다르다. 이 세상에서 변하지 않는 존재는 오직 하나님 한 분뿐이다. '동성애자임' gayness은 단지 마음이 굽히길 거부할 때만 변치 않는 정체성으로 고정될 수 있다. 이것은 좀 복잡한 문제이기 때문에 이 짤막한 머리말에서 다루기에는 역부족이다. 나는 다만 진리에 대한 나의 특정 관점 때문에 이 책을 읽기를 주저하는 사람들이 끝까지 이 책을 읽을 수 있도록 독려하고자 할 뿐이다. 솔직히 말해 '동성애자임' gayness과 하나님에 관해 내가 하려는 말 가운데는 오늘날의 문화에 반하는 성격을 띤 내용이 훨씬 더 많이 있지만, 전체적인 측면에서 한 번 마음을 열고 고려해볼 흥미로운 주제가 되길 바란다.

한편, 오직 이성애만을 알고 있는 사람들은 이 책을 미지의 세계를 들여다보는 통로로 삼을 수 있을 것이다. 이 책은 그리스도인들, 곧 "나는 항상 보수적인 그리스도인이야."라고 생각하는 사람들을 염두에 두고 쓰였다. 그들이 동성애자들을 사랑하는 방식이 항상 내 마음에 꼭 들었던 것은 아니었다. 나는 교회를 사랑하기 때문에 현수막을 들고서 노골적으로 증오심을 드러내는 것과 그와 정반대로 개인적으로 일체 침묵을 지키는 것 사이에서 뭔가

균형잡힌 글을(그리스도인들이 그 안에서 행하도록 부름받고 있는 사랑이야말로 하나님이 어떤 분이신지를 생생하게 보여주는 증거자료가 된다는 사실을 설득력 있게 제시하는 글을) 써봐야겠다는 생각이 들었다.

그러나 이 책을 성경과 혼동해서는 안 된다. 주님의 뜻이면 이 책은 교회를 유익하게 할 테지만 그렇다고 이것을 교회를 위한 가장 중요한 말로 간주할 수는 없다. 그런 말은 오직 하나님의 말씀밖에 없다. 또한 이 책은 성경의 부록도 아니다. 이 책은 성경에 의해 영향을 받은 삶의 이야기와 성경을 실천함으로써 얻은 실질적인 교훈을 전할 따름이다. 나는 LGBT 커뮤니티(성소수자 공동체─편집주)를 사랑하기 때문에 그들이 하나님을 알게 되는 데 절박한 마음을 가지고 있다. 아울러 나는 교회를 사랑하기 때문에 교회가 세상 사람들에게 그 사람들의 입맛에 맞는 하나님의 모습이 아닌 실제 하나님의 모습을 보여줄 수 있기를 간절히 바란다. 이 책은 그런 목적을 이루기 위한 나의 노력이다. 동성애의 생활을 청산하고, 하나님의 방식으로 그분을 사랑하며 사는 새로운 세계로 들어가는 것은 그야말로 야생의 삶처럼 힘들다. 그것은 너무나 험난한 과정이라서, 막 시작한 신앙생활을 포기하고 돌아서거나 아니면 한층 더 나은 사람이 되거나 둘 중 한 가지 결론밖에 있을 수 없다. 그런 경험을 또 다른 말로 묘사한다면 "힘든"hard이라는 말을 사용할 수 있겠다. 그것은 하늘에 닿을 듯이 솟구친, 오르기 힘든 높은 산에 비견할 수 있겠다. 그러나 심지어 그런 산도 옮겨질 수 있다.

내가 나의 삶과 실패와 승리를 비롯해 하나님에 관해 내가 생각해 온 것들을 모두 한데 모아 책으로 엮어낸 이유는 그런 험난한 과정을 겪는 동료 신자들을 사랑하기 때문이다. 그들이 이 책을 읽으면 "그래, 그녀의 말이 맞아."라는 생각과 함께 깊은 공감을 느낄 것이다. 그러나 거기서 그치지 않고 "하나님은 선하셔."라는 생각이 들 뿐 아니라 "항상 선하셔!"라는 생각까지 마음에서 우러나온다면 나로서는 더할 나위 없을 것이다. 그런 사람들은 하나님이 불쌍한 인생들에게 얼마나 자주 구원을 베푸시는지를 보여주는 산 증인들이다. 선하신 하나님에 의해 새롭게 된 남녀 동성애자들이 많다. 그들에게 이 책은 그들이 혼자가 아니라는 사실을 일깨워줄 것이다.

나는 이 책을 쓰면서 나 자신을 조금도 숨기지 않았다. 나는 최대한 진솔하려고 노력했다. 지금껏 가식을 부린 적은 한 번도 없었다. 나는 신앙생활을 처음 시작했을 때부터, 일부 그리스도인들이 멋들어진 말로 자신들의 삶을 포장하여 이야기하는 전형적인 분위기를 접하고서는 진리에 대해 분명한 태도를 취하지 않고 모호함 가운데 자기 생활의 안전함을 누리는 그 비참한 현실에 굴복하길 거부했었다. 진리가 우리를 자유롭게 한다면 왜 항상 진리

안에서 행하지 않는가? 물론 지혜와 사랑으로 행하는 것이 필요하다. 그러나 자유는 진리가 있는 곳에서 시작된다는 현실도 아울러 기억해야 한다.

마지막으로 이 책의 모든 문장은 하나님을 드러내는 데 초점을 맞춘다. 만일 이 책을 읽고 나서 나에 대한 이해는 좀 더 깊어졌는데 하나님에 관해서는 별로 깨달은 것이 없다면 나의 모든 노력이 무가치하게 될 것이다. 이 책에는 나에 관한 내용이 많지만 하나님에 관한 내용이 그보다 훨씬 더 많다. 영혼이 안식을 누리고, 마음이 평화를 얻으려면 하나님이 반드시 필요하다. 그분은 창조주 하나님이자 영광의 왕이요, 사랑으로 그리스도를 이 땅에 보내셨을 뿐 아니라 우리를 대신해 죄가 되어 우리의 죗값을 치르게 만드신 분이시다. 아무쪼록 이 책을 통해 부활하신 하나님의 어린양에 관한 말씀과 그분이 하신 말씀이 마음속에 깊이 박히게 되기를 바란다. 이 책은 높이 쳐든 손이요, 기쁨의 찬양이요, 부르지 않으면 안 될 찬송이요, 잠잠케 할 수 없는 할렐루야의 외침이다. 이 책은 하나님을 향한 나의 예배다. 이 책을 통해 모두가 "하나님은 참으로 선하시다."라고 말할 수 있게 되기를 기도한다.

1부
나의 과거

1장

• • •

2006년

그녀는 자신의 질문이 상대의 기분을 상하게 할 수도 있다는 것을 알고 있다는 듯 눈을 가늘게 뜨고 물었다. "재키, 내 여자 친구 하지 않을래?"

전에 그녀를 본 적이 있었다. 그녀는 중학교 시절에 학교 복도나 교실이나 그 밖에 대화가 이루어지는 곳이면 어디서든 레즈비언이라는 사실을 숨기지 않았던 몇몇 학생 가운데 하나였다. 그녀의 가족을 조금이라도 아는 사람이라면 누구나 그녀의 엉덩이가 엄마를 닮았다는 것을 금세 알아차릴 수 있을 것이다. 그녀의 특징은 햇볕에 너무 오래 그을린 것 같은 구릿빛 피부 위로 드러나는 환한 미소였다. 나는 그 미소와 끊임없이 눈길을 자극하는 그녀의 육체를 의식했었다.

고등학교 댄스파티였다. 우리는 무도회장으로 꾸민 체육관 마루 중앙에 서 있었다. 출입구 근처의 한쪽 편에는 아주 인기 많은 한 무리의 여자애들이 있었다. 그 아이들은 모든 것이 자기들끼리만 아는 농담이라도 되는 듯 깔깔거리면서, 그곳을 지나가는 모든 아이들을 쳐다보며 놀려대었다. 그 여자애들의 맞은편에는 파티 조명이 섬광을 번쩍이며 빠르게 돌아가고 있었고, 그 아래에는 작년의 홈커밍 킹에 선정되었던 남자애와 그 밖의 다른 남자애들이 있었다. 여자애들이 그들 앞에서 춤을 추기 위해 떼를 지어 몰려왔다. 그들은 남자애들 가운데 하나가 무리에서 빠져나와 자기들에게 전화번호를 물어봐주기를 바라고 있었다. 만일 여자애가 미모가 빼어나다면 그는 전화를 걸 때 그 이름까지도 기억할 것이 분명했다. 그러나 남자애들은 토요일 밤에 한껏 고조된 자신들의 기분을 만끽하는 데 열중할 뿐이었다.

우리는 파티장 한복판에 서 있었다. 그녀는 차츰 조급해하는 기색을 드러냈다. 나는 그녀의 질문에 아무 대답도 하지 않았을 뿐 아니라 심지어는 입을 움직여 대답할 기미조차 보이지 않았다. 내 머릿속에는 온통 내가 "좋아."라고 대답했을 때 당장 다음 월요일부터 내게 일어나게 될 일에 대한 생각뿐이었다. 소문은 모두의 귀에 급속히 전달될 것이고, 그 말을 전해 들은 아이들의 입을 통해 널리 퍼져나갈 것이었다. 결국은 학교 전체가 그 소식을 전해 듣고 나를 더 이상 소심하고, 말대꾸를 잘하는 여자애가 아닌 "게이 걸"로 인식하게 될 것이 불을 보듯 뻔했다.

아이들은 내 이름을 말할 때마다 마치 전염이라도 될 것처럼, 그러니까 나의 성적인 정체성이 자기들의 피부에 옮겨붙어 이성애를 원하는 마음속으로 뚫고 들어가면 자기들도 나처럼 "병들게" 될 것이라고 생각할 것이 확실했다.

그때 나는 거친 아이들이 가장 신경쓰였다. 그들은 한쪽 구석에 모여 있었던 인기 있는 여자애들과 같은 부류였다. 말을 무기처럼 사용하는 재능을 지닌 그들은 자기들이 입방아를 찧는 사람들이 모두 죽어 쓰러지는 일이 일어나더라도 절대로 그치지 않을 만큼 극렬했다. 특히 동성애자들은 그들의 좋은 놀림감이었다. 그들은 가는 곳마다 그 무기를 몸에 감추고 다녔다. 그 무기를 꺼내 휘두르는 일은 너무나도 간단했다.

나는 그녀의 얼굴을 쳐다보았다. 그 순간 권총에 총알을 장전하는 소리가 귓전에 들려오는 듯했다. 그녀는 나의 침묵에 난감해하면서 여전히 대답을 기다렸다. 총알이 마룻바닥에 맞고 튕겨 나오면서 내게 아무 말도 하지 말라고 말하는 것처럼 느껴졌다.

"이봐, 그런 식으로 집적대지 마. 나는 게이가 아니야." 나는 일부러 그렇게 딱 잘라 말했다. 나는 그런 날이면 흔히 있는 전통적인 십 대의 향연에 참여하기 위해 동창회 댄스파티에 왔다. 다른 아이들의 주목을 받기 위해 주말에 스무 시간 동안 아르바이트를 해서 산 옷을 입고 나왔지만 그녀는 내가 기꺼이 감수할 수 있는 것보다 더 많은 것을 바랐다. 그녀는 나를 원했다. 아마도 그녀는 내가 자신의 제안을 받아들이기를 기대했던 듯하다. 그러나 내게 있어 그녀의 제안은 마치 군중 앞에서 벌거벗으라는 것과 조금도 다르지 않았다. 나는 그녀나 다른 누구 앞에서나 그 문제와 관련해서는 나의 비밀을 폭로하고 싶지 않았다. 지금 당장은 정직이라는 판타지가 충족되지 않아도 괜찮았다. 최소한 그렇게라도 하면 나를 따뜻하게 보호할 수 있다는 것을 나는 알고 있었다.

2장

. . .

BC 6,000년-AD 1995년

나는 내 이름을 쓰는 법을 알기 전부터 여성들에게 매력을 느꼈다. 내 이름은 나의 어머니가 지어주셨다. 어머니는 내 이름이 뼈대 있는 집안의 자손처럼 존귀하게 들린다고 생각했다. 젊은 시절의 그녀는 뉴스에서 존 F. 케네디 대통령의 부인이 언급될 때마다 종종 그 이름을 듣곤 했다. 나는 초등학교 2학년 때까지만 해도 미국 35대 대통령이 누구였고, 또 그가 세상과 작별을 고할 때 그의 곁을 지킨 아내가 누구였는지 전혀 알지 못했다. 내가 알고 있었던 것은 단지 내 이름의 철자가 너무 길다는 것, 내 치열 사이에 틈이 있는 것이 조상들의 탓이라는 것, 그리고 (나를 가르친 선생님에 따르면) 내가 질문이 너무 많다는 것이 전부였다.

하늘을 올려다보면 왜 그 빛깔이 내 손의 색과 같지 않고, 선생님의 눈동자 색과 같은지 의아한 생각이 들었다. 그리고 책상 두 개가 떨어진 곳에 앉아 있는 저 여자애를 보면 왜 이상한 느낌이 드는지, 그럴 때마다 왜 가슴이 콩닥거리는지도 궁금했고, 어떻게 하면 쉬는 시간에 우리가 "피셔 프라이스 캐빈"(모형 오두막 완구—편집 주)의 한쪽 구석에서 한 번도 본 적이 없는 것들을 하고 그것이 그 대로 모형처럼 고정되어 남게 할 수 있을지 궁금해했다.

모형 오두막의 지붕은 풀밭을 그릴 때만 상자에서 꺼내 드는 녹색 크레용을 생각나게 했다. 오두막 자체는 따분한 갈색이었고, 흥미로운 것이라고는 밝은 겨자색 덧문뿐이었다. 우리가 오두막 안에 있을 때는 그 문짝을 꼭 닫았다. 아무도 가르친 사람이 없었는데도 우리는 우리 자신을 숨겼다. 우리 심령heart으로는 우리가 규칙을 어기고 있음을 알고 있으면서도 규칙을 마음mind에 담고 있었다. 나의 어머니는 일터에서 일하면서, 나를 생각할 때면 내가 아직 아무런 경계심도 없는 눈빛을 한 채 잔뜩 흥에 겨워서 빨간 셔츠와 청바지 차림을 한 신상품 사자처럼 정글 짐을 누비고 다니는 모습을 떠올리셨을 것이다. 내 아버지의 위엄을 보여주는 검고 무성한 머리를 바람결에 휘날리며, 교실에 돌아가 글쓰기를 배워야 할 시간이 될 때까지 정글 짐을 누비고 다닐 나의 모습을... 그녀는 내가 다른 것을 배우고 있을 줄은 꿈에도 알지 못했다. 그때까지만 해도 내가 느끼고 있는 것은 아직 내게 자신의 이름을 말해주지 않았다. 내가 알고 있었던 것은 단 한 가지, 곧 그것을 나만의 비밀로 간직해야 한다는 것뿐이었다.

―――――――

부모는 자식에게 자신의 형질을 물려줄 수밖에 없다. 어머니와 함께 있을 때마다 우리 두 사람이 모두 이해할 수 있는 우스갯거리는 우리 입을 벌려 소리 내어 웃게 했다. 그때 치열의 틈이 보였다. 그것은 우리가 모녀라는 명백한 증거였다. 그것이 어머니가 내게 물려주신 것이다. 어머니도 단지 그런 유전자를 받아 태어났다는 이유로 일평생 그런 특징을 지녀야 했다.

나의 어머니가 미소를 지을 수 있는 입을 가지고 태어나기 전은 물론이고, 어머니의 어머니가 푸성귀를 씻던 손(노예의 눈을 가진 한 여성에게서 물려받은 손과 아프리카인의 광대뼈와 유럽인의 성씨)을 가지고 태어나기 훨씬 오래 전에 하나님의 얼굴을 맨 처음으로 보았던 두 사람이 있었다. 그때 당시 아담과 하와는 지금의 인간들과는 사뭇 달랐다. 분명히 그들은 하나님이 의도하신 대로 키도 크고, 체력도 강인하고, 피부도 갓난아기의 피부처럼 고왔을 것이다. 그러나 그들의 생김새는 그들이 얼마나 매력적인지보다는 그들이 누구를 반영하고 있느냐와 더 큰 관련이 있었다. 그들의 육체와 영혼은 처음 창조되었을 때는 아무런 결함도 없이 그들의 창조주를 볼 수 있을 만큼 유리처럼 맑고 깨끗했다. 하나님은 다른 무엇과도 비견될 수 없는 존재이셨다. 그분이 만드신 피조물로는 그분을 적절히 묘사하기가 쉽지 않다. "멋지다, 놀랍다, 경이롭다, 숨이 막힐 듯 굉장하다."와 같은 말들은 거룩하신 하나님을 묘사하기에는 턱없이 부족하다.

만일 커피를 마시면서 아담에게 하나님을 처음 보았을 때 머릿속에 어떤 단어가 떠올랐느냐고 묻는다면, 아마도 그는 "'선하시다'라는 말이요. 그분을 보는 순간, 선하시다는 생각이 들었소."라고 대답할는지도 모른다. 아담의 후손으로 태어난 사람이라면 불경스럽게 보이지 않기 위해 작은 소리로 "선하시다고요? 그것이 하나님을 묘사하기 위해 그가 생각해 낸 가장 적합한 단어라고요? 웃기는 소리요. 심지어 나도 선하오."라고 말할 가능성이 크다. 의심으로 속삭인 사람은 익숙한 미소, 빼다박은 듯한 눈, 서로 닮은 광대뼈, 바쁜 손 따위를 가지고 있다. 그리고 이 모든 것을 우리에게 물려준 장본인은 하나님이 아닌 아담이었다.

모든 것은 아담의 갈빗대로 만든 그의 아내 하와가 그녀의 남편이 이름을 지어 준 동물들 가운데 하나와 대화를 나누게 되면서부터 시작되었다. 뱀은 아담이 지어준 그의 이름처럼 교활했다. 뱀은 경험 많은 노파가 불에 두 차례 데이고 난 뒤부터는 다시는 그런 실수를 되풀이하지 않는 것처럼 무엇이든 낌새만으로 알아차리는 그런 교활함이 있었다. 뱀이 처음 하와에게 접근했을 때 그녀에게 자신을 정중하게 소개했는지는 언급되지 않았다. 아마 뱀이 자신의 이름을 밝혔으면 그녀를 혼란스럽게 만들었거나 심지어는 너는 어디에서 왔느냐고 물을 기회를 그녀에게 줄 수도 있었을 것이다. 아담은 그 짐승을 뱀으로 일컬었지만, 말하고 있던 자는 지옥에 있는 모든 귀신들에게 "사탄"으로 알려져 있는 존재였다. 그는 매우 똑똑하게도 먼저 질문만을 던졌다. 그의 실체를 아는 일은 자연스레 나중으로 미뤄졌다.

뱀은 잡담 한마디 건네지 않고서 곧바로 하나님이 아담을 창조하시고 나서 그에게 명령하신 말씀에 대해 그녀에게 의문을 제기했다. 하나님은 하늘과 땅과 그 안에 있는 모든 것을 만드시고 나서 아담과 하와를 에덴동산에 두셨다. 아담의 주위에는 나무들이 많았다. 모두 보기에도 즐겁고, 먹기에도 좋은 나무들이었다. 동산 중앙에는 특별히 더 화려하지는 않더라도 다른 나무들만큼이나 아름다운 나무 한 그루가 심겨 있었다. 그 나무의 이름은 "선악을 알게 하는 나무"였다. 하나님은 아담에게 모든 나무의 열매를 마음껏 즐기라고 말씀하셨다. 그 나무들은 하나님이 아담을 기쁘게 하려고 심으신 것들이기 때문에 모두 그가 먹을 수 있는 최상의 과실들을 맺었다. 아담은 그 과실들을 한입씩 베어 먹을 때마다 처음 생명을 얻었을 때에 자신이 목격한 하나님의 선하심을 상기했다. 그러나 선악을 알게 하는 나무의 열매를 먹는 날에는 죽음을 피할 수 없었다. 하나님이 그에게 그렇게 말씀하셨다. 거룩하신 하나님이 말씀하셨기 때문에 그 말씀은 결코 거짓이 아니었다.

나는 어렸을 때 글 쓰는 법을 배워야 했다. 아홉 개의 알파벳을 조합해서 내 이름을 만드는 법도 배워야 했다. 그러나 즐거움을 얻는 방법은 일부러 배워야 할 필요가 전혀 없었다. 어머니의 뱃속에서 나올 때부터 이미 즐거움을 얻는 본능이 갖추어져 있었기 때문이다. 처음 젖을 빠는 순간, 그것이 내 뱃속에 들어가기 전에 먼저 미각을 자극했다. 젖을 빨면서 배가 부른 만족감은 물론, 음식의 맛을 경험하게 되었다. 그로 인해 나의 내면에서는 작은 미소가 피어났다. 차츰 나이가 들면서부터는 친구, 만화, 밤샘 파티, 축제, 포옹, 장난감, 과자, 성탄절 아침, 웃음과 같은 다른 즐거움을 발견했다. 하나님의 선하심이 나를 비롯해 그분이 만드신 모든 것에 충만했고, 하나님의 형상대로 창조된 사람들과 그들의 손으로 만들어낸 것을 즐길 수 있는 능력이 내게 주어졌다. 즐거움이 문제였던 적은 없다. 문제는 마음이었다. 우리 마음이 우리를 창조하신 하나님 안에서 궁극적인 즐거움을 찾지 않고 다른 데로 눈을 돌린 것이다. 그것 때문에 우리가 즐거움을 얻는 방법과 대상이 저열하게 왜곡되어 버렸다.

에덴동산의 하와에게로 다시 거슬러 올라가 보자. 뱀이 먼저 말을 건넸다.

"하나님이 참으로 너희에게 동산 모든 나무의 열매를 먹지 말라 하시더냐 여자가 뱀에게 말하되 동산 나무의 열매를 우리가 먹을 수 있으나 동산 중앙에 있는 나무의 열매는 하나님의 말씀에 너희 는 먹지도 말고 만지지도 말라 너희가 죽을까 하노라 하셨느니라 뱀이 여자에게 이르되 너희가 결코 죽지 아니하리라 너희가 그것 을 먹는 날에는 너희 눈이 밝아져 하나님과 같이 되어 선악을 알 줄 하나님이 아심이니라 여자가 그 나무를 본즉 먹음직도 하고 보 암직도 하고 지혜롭게 할 만큼 탐스럽기도 한 나무인지라 여자가 그 열매를 따먹고 자기와 함께 있는 남편에게도 주매 그도 먹은지 라 이에 그들의 눈이 밝아져 자기들이 벗은 줄을 알고 무화과나무 잎을 엮어 치마로 삼았더라."(창 3:1-7).

마귀가 하와를 선택해서 그녀의 생각을 물었던 이유는 꼭 그녀 의 대답이 궁금해서가 아니었다. 그녀가 넌더리를 내야 했던 것은 심지어 질문 그 자체가 아니었다. 오히려 그 질문을 던진 방식이 었다. 그는 "하나님이 참으로..."라고 말했다. 바꾸어 말하면 그것 은 "하나님이 진실을 말씀하시더냐?"라는 말이었다. 뱀의 질문은 교묘하게 하나님의 성품을 비난하는 의미를 지녔다. 만일 하와가 그 말을 믿는다면 하나님을 옳게 바라보지 못하게 만들 수 있었다. 거짓말을 하는 하나님은 경배는 고사하고, 신뢰하기조차 어렵다. 그런 하나님은 마음에 없는 것을 말하거나 이루지도 못할 약속을 남발한다.

사탄은 하와가 자기를 즉각 꾸짖어 물리치지 않자 곧바로 하나님이 그녀가 알고 있는 것과는 달리 마귀 같은 존재라는 식으로 말하기 시작했다. (하나님은 정녕 죽을 것이라고 경고하셨지만) 사탄은 하나님의 명령을 거역해도 영원한 삶을 누릴 것이라고 약속하면서 그분을 거짓말쟁이로 몰아붙이고, 스스로 진리의 전달자를 자처했다. 그것은 하나님의 말씀이 사기꾼의 약속만큼이나 헛된 것이라는 의미였다. 사탄은 하와가 죄를 짓고서도 여전히 살아 있을 것이라고 약속했다. 그의 말에는 하나님의 거룩하심과 선하심과 영광은 모두 거짓이기 때문에 그분이 하지 말라고 명령하신 일을 하면 그 모든 사실을 분명하게 알 수 있을 것이라는 의미가 담겨 있었다.

하와는 나무를 바라보았다. 그 나무는 그곳에 우뚝 서 있었다. 그 나무는 동산의 일부였지만 그때까지만 해도 하와의 눈길을 사로잡은 적이 거의 없었을 것이고 찬란히 빛나는 하나님의 영광에 가려 잘 보이지도 않았을 것이다. 그 나무의 열매를 먹는 것은 언제나 금지되어 있었지만 만지는 것은 금지된 적이 전혀 없었다. 게다가 언제나 더 좋은 것들이 있었다. 할 것, 먹을 것, 만질 것, 그 위에 앉을 것, 기뻐할 것, 데리고 살 것 등등 참으로 좋은 것들이 풍성하게 주어져 있었다. 날마다 하나님을 볼 수 있는 한, 나무 하나쯤은 제한되어도 전혀 근심거리가 될 수 없었다. 적어도 의심이 찾아올 때까지는 그러했다.

아마도 갑자기 나무가 이전과는 사뭇 다르게 보였을 것이다. 가지마다 열매들이 주렁주렁 매달려 있었고, 바람이 그것들 사이를 지나면 금방이라도 툭 떨어질 것만 같았다. 그것을 본 하와는 먹고 싶다는 생각이 들었다. 한입을 베어 씹기도 전에 죽을지 몰라도 혀에 와닿는 맛이 어떨지 궁금해졌다. 그녀의 눈에 나무가 굉장히 멋져 보이기 시작했다. 마치 하나님과 같아 보였고, 그보다 더 나은 것처럼 생각되었다. 그녀는 뱀이 하나님에 대해 한 말과 그것을 먹으면 그분처럼 될 수 있다는 말을 떠올렸다. 그녀는 믿음이 아닌 열매가, 순종이 아닌 죄가 자기를 지금보다 더 완전해지게 만들어줄 것 같았다. 그 열매를 먹으면 지혜롭게 될 것 같은 생각이 들었다. 흥미롭게도 그녀가 본 것 중 일부는 사실이었다. 그 나무는 먹기에도 좋았고 보기에도 아름다웠다. 왜냐하면 하나님이 그렇게 만드셨기 때문이다(창 2:9). 문제는 하나님보다 나무가 육체를 더 많이 만족시키고, 눈도 더 많이 즐겁게 할 수 있다고 생각한 데 있었다. 그러나 그녀가 어리석은 일을 저지르는 순간(곧 마귀의 말을 믿는 순간), 나무가 더하여 줄 것이라고 믿었던 모든 지혜가 그녀의 몸을 떠나고 말았다.

내 경우에도 하나님보다 마귀의 말이 더 맞는 것처럼 느껴질 때가 있다. 하나님과 마귀가 모두 말을 한다. 하나님은 성경을 통해서 말씀하시고, 마귀는 의심을 통해서 말한다. 나는 팝콘 한 주먹을 오물거리고, 내 스타킹을 쥐어뜯으면서 주일학교에서 십계명을 배웠다. "하지 말라"라는 계명들은 나의 정신을 산만하게 만든 달콤한 버터 맛의 팝콘을 보완해주지 않았다. 그것들은 달갑지 않은 소음과도 같았다. "너는 할 수 없다. 너는 해서는 안 된다. 하지 말라."라는 말들은 귀 기울여 들을 만한 노래가 아니라 잠잠하게 억눌러야 할 끔찍한 소음처럼 들렸다. 사탄은 반대로 "나를 기분 좋게 하는 것을 하라, 내 소견에 옳은 것을 하라."고 부추겼다. 만일 거짓말을 해서 엄마의 회초리를 모면할 수 있다면 그것은 참으로 좋은 것이었다. 나는 좋은 것, 곧 선한 것을 내 멋대로 정의했다. 하루를 잘 넘기기 위해 속이는 말을 해야 한다면 그것이 곧 내가 정의하는 선이었다. 하나님은 선의 개념을 세상에 처음 도입한 분이시지만 내가 그분의 선하심 안에서 살아가려면 믿음이 필요했다. 그분이 말씀하신 모든 것이 선하다. 왜냐하면 그분이 선하시기 때문이다. 내게 무엇을 하지 말라고 명령하신 모든 것도 선하다. 만일 하나님 자신에게서 멀어지게 하는 일을 피하라는 말을 우리에게 해주시지 않는다면 그것은 하나님이 하실 수 있는 가장 잔인한 일이 될 것이다.

그러나 불신앙은 하나님을 궁극적인 선으로 생각하지도 않고, 죄를 궁극적인 악으로 간주하지도 않는다. 불신앙은 죄를 선한 것으로 생각하고, 하나님의 명령을 즐거움을 방해하는 걸림돌로 여긴다. 마귀를 믿는 한, 나는 별 모양의 펜던트를 몸에 걸치거나 한두 가지 마귀 숭배적 주문을 암기할 필요가 없었다. 그저 하나님의 말씀보다 나 자신을 더 신뢰하는 것으로 충분했다. 나의 생각, 나의 감정, 나의 권리, 나의 욕구에 절대적인 순종을 바칠 가치가 있다고 믿는 것으로 충분했고, 나 자신을 위해 만든 조잡한 보좌 앞에 납작 엎드리는 것으로 선한 일을 하고 있다고 믿는 것으로 충분했다.

(자기 아내를 뱀으로부터 보호하지 못한 채 가만히 지켜만 보고 있던) 아담이 하와가 건네준 과실을 먹자 그들 부부는 생명을 잃고 말았다. 그들의 육체는 여전히 건재했고, 그들의 핏줄에는 여전히 따뜻한 피가 흘렀으며, 그들의 눈도 전과 다름없이 빛을 인식했다. 하지만 하나님이 말씀하셨던 불순종의 결과가 그대로 나타났다. 하나님을 믿기보다는 죄에 대한 과도한 사랑으로 기울어지는 성향과 왜곡된 논리와 자치 autonomy (자신이 자신의 주인 노릇을 함—편집주)를 원하는 욕

구로 인해 그들은 하나님의 친구가 아닌 원수로 전락했다. 하나님의 거룩하심도 현실이었고, 그분의 심판도 현실이었다. 그리고 이제 죄에 대한 그들의 지식은 그저 지성적 차원의 지식이 아닌 경험적 차원의 지식으로 나아갔다.

육체 안에 거하는 죄는 가만히 있을 수 없다. 죄는 다른 사람들을 방해하지 않기 위해 한쪽 방에만 조용히 머물러 있는 손님이 아니다. 죄는 집안 전체에 머무르면서 어느 곳이나 자유롭게 갈 수 있는 세입자와 같다. 죄는 모든 부분에 영향을 미쳐 거룩한 것은 무엇이든 파괴한다. 죄가 들어왔을 때 유리가 산산이 깨지고 부서졌다. 아담과 하와, 곧 피조 세계 안에서 하나님을 사랑하고 반영하기 위한 목적으로 창조된 최초의 인류는 결국 최초의 죄인으로 전락하고 말았다.

아담의 후손으로 태어난 사람은 누구나 죄의 본성을 물려받았다. 하와처럼 나도 태어나면서부터 그녀가 뱀을 그렇게 대한 데서 비롯된 결과를 경험하게 될 운명이었다. 인간으로 태어났다는 것은 내가 애정 affection과 논리 logic의 잠재력을 지니고 있다는 것을 의미하고, 죄인으로 태어났다는 것은 둘 다 근본적으로 망가졌다는 것을 의미했다. 내가 가장 기초적인 차원에서 느꼈던 끌림, 아직 이름이 뭔지도 잘 몰랐던 그것이 죄가 얼마나 탐욕스러울 수 있는지를 여실히 보여주었다. 욕구 desires가 존재하는 이유는 하나님이 그것을 우리에게 주셨기 때문이다. 그러나 동성애의 욕구homosexual desires가 존재하는 이유는 죄가 그것을 우리에게 주었기 때문이다. 우리가 본래 창조된 대로 하나님을 사랑하려면 의지와 애정affections이 둘 다 필요하다. 그러나 죄는 하나님이 자신을 위해 우리 안에 두신 그 사랑의 마음을 훔쳐내어 그분 외에 다른 것을 사랑하라고 부추긴다. 죄는 우리의 마음을 단단히 붙잡아서, 저급하고 열등한 것에 관심을 기울이게 이끈다. 동성애의 욕구same-sex desires는 엄연한 현실이다. 비록 죄에서 비롯한 것이지만 그것은 남들과 좀 다르게 보이기 위해 개인이 스스로 만들어 낸 상상의 감정이 아니다. 그러나 감정이 현실이라고 해서 그것이 도덕적으로 정당화되지는 않는다. 우리의 마음이 죄의 형상을 따르면 단지 좋은 느낌이 든다는 이유만으로 악을 선으로 일컫는 결과가 빚어진다.

하나님의 말씀은 하와에게 그녀의 육체가 무엇을 위해 만들어졌는지를 상기시켜주었지만 그녀는 하나님의 말씀 대신에 자신의 육체가 이끄는 대로 행했다. 그런 그녀처럼 나도 필연적으로 그와 똑같은 종류의 불신앙에 이끌리는 성향을 지녔다. 불신앙의 눈으로 보니 순종보다 죄가 더 나아 보였다. 나로서는 아름답고, 경이롭게 창조된 여성들이 선악을 알게 하는 나무가 그랬던 것처럼 하나님보다 더 아름답고, 더 경이롭게 느껴졌다.

———

그 "피셔 프라이스 캐빈" 안에서도 내가 내 엄마의 소생임이 틀림 없는 사실이었다. 그러나 열매는 나무에서 먼 곳에 떨어지지 않는 법이다(사과가 떨어져 봤자 사과나무 아래라는 뜻으로 자녀는 부모의 형질을 닮는다는 의미의 서양 속담—역자주). 그 밝은 노란색 덧문 뒤에서 내가 했던 것과 내 이름을 옳게 쓰는 법을 배우려고 애쓰면서 내가 느꼈던 감정은 내가 역시 아담의 후손이라는 명백한 증거였다.

3장

• • •

1988년

이스트세인트루이스는 미시시피강을 사이에 두고 세인트루이스에서 그리 멀리 떨어지지 않은 곳에 있다. 두 도시는 서로 다른 주에 속해 있지만 주민들의 왕래가 빈번하다. 주민들의 왕래는 특히 금요일 저녁에 가장 활발하게 일어난다. 20대와 30대 연령대의 흑인들이 미주리주와 일리노이주를 잇는 다리를 건너, 춤을 추면서 밤을 즐기기에 적합한 술집으로 찾아든다. 그들은 자신들의 울부짖음보다 더 큰 음악 소리를 들으면서 고된 삶의 시름을 잊고 젊음을 마음껏 만끽한다.

   160센티미터가 될까 말까 한 키에 차갑고 잔혹한 기억을 간직한 사람의 눈을 가진 여성이 얼굴 가득 환한 미소를 머금고 술집 안으로 들어섰다. 그녀는 안으로 들어서면서 안도의 한숨을 내쉬었고, 얼굴 위로 공기가 살짝 스치듯 지나가는 것을 느꼈다. 7월의 밤인지라 그녀의 관자놀이 아래에는 약간의 땀이 솟아 있었다. 마치 달빛을 조금 훔쳐다 얼굴을 치장한 듯 보이는 모습은 그녀를 돋보이게 했다. 그녀는 머리를 일부러 불균형하게 잘랐다. 비대칭형 커트는 1988년 당시에 모든 흑인 여성들이 선호하던 스타일이었다. 그녀는 긴 쪽의 머리를 한쪽으로 쓸어내리면서 빈자리를 찾기 위해 술집 안을 둘러보았다. 그녀는 빈자리 하나를 발견하고는 그곳에 앉아 혼자 놀면서 친구를 기다렸다. 혼자 있는 것에 아무런 어려움도 느끼지 못하는 것 같았다.

　문 옆에 있던 그녀는 술집 안으로 들어오는 한 남자를 알아보았다. 불빛은 흐렸지만 그의 얼굴을 비추기에는 충분했다. 특히 그의 짙은 갈색 눈과 그것이 검고, 긴 눈썹 아래에 박혀 있는 모양새가 눈에 확 띄었다. 한쪽 눈썹 한 가운데에는 상처가 나 있었다. 그것은 그가 잘못된 상황을 그대로 방치하는 습성을 지녔다는 표시일 수도 있었다. 그는 친구들과 앉아 있으면서 그녀를 바라보고는 그녀 쪽으로 입술을 일그러뜨리며 살짝 미소를 내비쳤다. 대다수 여성의 넋을 잃게 할 만한 미소였지만 그녀는 그의 상사이자 열 살 연상이었다. 그녀는 충분히 성숙했기 때문에 그렇게 무모하지 않았다. 그녀는 그가 정신이 말짱하다는 것을 잘 알 만큼 현명했다.

몇 주 전, 그들은 서로가 알고 있는 친구의 소개로 처음 알게 되었다. 그는 막 군 복무를 마치고 사회에 나와 직업을 구하던 중이었다. 레스토랑을 경영하던 그녀는 그에게 특별한 기술이 필요 없는 일자리를 제공했다. 그녀가 개성이 돋보이는 그의 모습을 발견한 그날 밤 이전까지만 해도 그는 그녀가 월급을 주고 고용한 다른 남자 직원들과 조금도 다르지 않았다. 퇴근하고 나서 한가롭게 휴식을 취하는 그의 모습은 그녀의 관심을 단번에 사로잡았다.

그들은 그 후부터 친구가 되었다. 데이트를 즐기지는 않았지만 함께 외식을 했다. 그가 그녀의 집에 머물 때면 그들은 웃음으로 밤을 지새웠다. 그들은 함께 산 것이 아니라 함께 어울렸을 뿐이다. 그렇게 하는 동안 그녀를 가장 즐겁게 만든 것은 그의 생각이었다. 그가 말을 할 때면 그녀는 그의 생각 속에 참으로 많은 것이 감춰져 있다는 느낌을 받았다. 그가 말하고 싶어 할 때면 어김없이 그 감춰진 것들, 곧 갖가지 두려움과 개념들과 사실들과 환상들이 모습을 드러냈다. 그는 그녀가 대답할 말을 찾을 수 없는 질문들을 던졌다. 그녀는 그와 대화를 나누면서 자기 자신의 마음에 대해 더 많은 것을 알게 되었다.

그가 곁에 있다는 것이 곧 그가 정착할 것이라는 의미는 아니었다. 그들의 우정은 절대로 함께 얽히지 않을 뜨개실과 같았다. 그러한 와중에도 그들은 가끔은 하나가 되기도 했다. 그런데 연인이 된 지 두 달이 지날 무렵, 그들의 상황을 더는 그런 식으로 이어갈 수 없게 만든 일이 발생했다. 그녀는 반복되는 구역질을 달래기 위해 약을 먹었지만 별 효과가 없었다. 배가 더부룩할 때 "펩토비스몰(소화제의 일종—역자주)"을 두 숟가락 먹었는데도 증상이 조금도 개선되지 않았다. 더군다나 날이 갈수록 청바지가 줄어드는 것인지 허벅지가 굵어지는 것인지 옷이 맞지 않았다. 그녀는 갱년기로 인한 신체 변화로 추측하고 의사를 찾아갔지만, 원인은 갱년기 호르몬 장애가 아닌 것으로 드러났다. 그녀의 뱃속에서 내가 자라고 있었다.

나의 어머니는 "애를 지우고 싶어."라고 말했다. 전화를 받는 상대는 그녀의 가장 친한 친구였다. 그들은 네 살 때부터 서로를 알고 지내왔다.

그들의 어린 시절, 그러니까 드와이트 아이젠하워가 대통령일 때, 스스로 원하지 않거나 키울 능력이 없는데도 돈이 없어서 태아를 지우지 못하고 그대로 자라도록 놔둔 여성들이 많았다. 전화기 밑에서 튀어나온 두껍고 흰 연장선이 그녀의 팔목과 팔뚝 사이에 계속 감겼다. 그녀는 그 선을 풀기 위해 수화기를 다른 쪽 귀로 옮겼다. 그렇지 않아도 절망스러운데 손까지 불에 덴 듯 화끈거렸다. 그녀는 "나는 이런 식으로 아기를 낳고 싶지 않아."라고 말했다.

그녀의 말은 그의 아이를 낳고 싶지 않다는 뜻이었다. 직장에서 함께 일하던 사람이 친구가 되었다가 연인으로 발전했다. 그녀는 그를 통해 또 다른 아이를 낳고 싶은 생각이 전혀 없었다. 그녀의 첫째 아이, 즉 나의 오빠는 이미 열여섯 살이었다. 오빠는 서로 사랑을 주고받은 사이에서 낳은 아이였다. 그녀와 오빠의 아버지는 서로 데이트를 즐겼고, 같이 살아갈 계획을 세웠으며, 서로를 부를 때 사랑스러운 애칭을 사용했다. 그와는 대조적으로 나의 아버지는 고작 스물다섯 청년이었다. 얼굴은 잘 생겼지만, 침착하고 일관되게 사는 것이 무엇인지 전혀 알지 못했다. 그녀는 그와의 관계가 아이를 낳기에는 너무 복잡하기 때문에 아이, 곧 나를 지워 없애는 것이 옳다고 생각했다.

친구는 그녀의 말에 유심히 귀를 기울였다. 그녀는 내 어머니의 주장에서 뭔가 비이성적인 것을 발견했다. 생명 대신 낙태를 고려하고 있다는 것, 나를 세상에서 제거하는 것이 어머니의 세상을 더 낫게 만들 수 있다는 논리가 틀렸다는 것이었다. 사회는 그때 이후로 엄청나게 많이 달라졌지만 하나님은 여전히 동일하시다. 낙태는 여전히 악한 일이었고 그 전에도 항상 그러했다. 심지어 하나님의 입에서 "살인하지 말라"라는 계명이 우레처럼 터져 나오기 전부터 그랬다. 나의 어머니가 올바른 사고를 하지 못하자 어머니의 친구는 그 점을 깨닫도록 도와주어야 했다. 마침내 친구는 이렇게 말했다. "네가 이런 식으로 아이를 갖도록 하나님이 의도하지 않으셨다고 어떻게 단정할 수 있니?"

찬물 한 바가지를 얼굴에 뿌렸을 때처럼 나의 어머니의 눈이 크게 떠졌다. 그녀의 가슴 속에서 진리가 고동치기 시작했으며, 일순간 죽음의 소음이 잠잠히 가라앉았다. 그녀는 섭리를 고려한 적이 없었고, 그것이 어떻게 자신의 태와 관련이 있는지도 생각해 본 적이 없었다. 전지하신 하나님, 인간과 모든 생명을 창조하신 하나님이 나의 태어남을 주관하셨다. 비록 악한 정욕에서 비롯한 결과였지만 하나님은 나를 그녀에게 허락하셨다. 그분이 그녀의 모태에서 나를 지으셨다. 그녀는 아무것도 알지 못했지만 하나님이 창세 전에 자기를 알도록 나를 선택하셨다. 나의 어머니와 아버지는 물론, 심지어는 나를 비롯해 그 누구도 하나님의 길을 가로막을 수 없었다.

4장

• • •

1989년-2007년

나의 아버지는 이따금 나를 사랑해주었다.

처음에 나는 아버지가 나로부터 얼마나 멀리 떨어진 곳에 계신지를 알 만한 지각력이 없었다. 대다수 어린아이는 유치원 이후에야 비로소 명사들을 기억하기 시작한다. 사람들과 장소와 사물들의 이름이 그들의 기억 속에 새겨진다. 그런 다음에는 거기에서부터 명사들이 그들이 경험하는 세계를 형성한다. 수업 중에 내게 읽어준 그림책과 나의 세계가 얼마나 다른지를 의식하는 순간부터 아빠, 가정, 사랑이 서로 모순을 일으켰다. 딕과 제인은 집에 아버지가 있었지만 재키는 없었다. 딕과 제인은 그들을 안아주는 아버지가 있었지만 재키는 없었다. 딕과 제인은 아침에 일어나서 아버지와 아침을 먹었지만 재키는 그렇지 못했다. 재키의 아버지는 어떤 때는 왔다가 어떤 때는 오지 않는다. 재키의 아버지는 어떤 때는 전화를 걸어왔다가 어떤 때는 전화를 걸어오지 않는다. 나의 생일과 아버지의 날이 같은 날짜에 겹쳤는데, 나나 아버지나 서로 축하 인사를 건네지 않았던 6월에는 그의 부재가 더욱 생생하게 느껴졌다. 나는 곧 아버지가 내 생일을 잊었다고 생각하고서, 그가 올 것이라는 기대를 접었다. 아버지에게 나의 생일은 그의 직장 동료들의 손자가 처음 학교에 가는 날처럼 자기와 개인적으로 아무런 관련이 없기 때문에 전혀 즐겁지 않은 그런 날과 같았다.

나의 어머니는 내가 또 다시 실망하며 슬퍼하지 않게 하려고 아버지의 방문을 위해 나를 예쁘게 단장하는 일을 중단했다. 그녀는 내가 잘 다린 바지와 깨끗이 세탁한 셔츠를 입는 이유가 아버지가 나를 데리고 나가는 것을 위해서라는 말을 더 이상 하지 않았다. 그녀는 나의 상심에 가담하기를 원하지 않았기 때문에 내 앞에서 아버지의 약속을 더 이상 거론하지 않았다. 그녀는 아버지가 나타나지 않을 때마다 딸의 얼굴에서 하염없이 흘러내리는 눈물을 얼마나 많이 닦아 주었는지 모른다. 그녀는 닫힌 문만 멀거니 바라보고 있는 나의 모습을 지켜보는 일이 차츰 지겨워졌다. "30분 내로 도착할게."라는 말에 신이 나서 빙그르르 돌았지만 문을 두드리는 소리는 끝내 들리지 않았다.

아버지는 이따금 모습을 드러냈다. 그가 나타날 때면 나는 그

동안 흘렸던 눈물이라든가 "아빠는 어디에 있어?"라는 어리둥절한 어린아이의 질문을 더 이상 기억하지 않았다. 아버지는 운전석에 계셨고 낯선 곳으로 나를 데려가고 계셨다(아버지가 나와 함께 있는 한, 어디에 가든 그다지 중요하지 않았다).

나는 아버지의 얼굴을 보는 것이 가장 좋았다. 그의 눈은 검고, 아름다웠다. 입술을 일그러뜨려 미소를 지으면 눈이 가늘게 떠졌다. 그 모습을 보면 웃을 때 내 모습이 어떨지가 머릿속에 그려졌다. 아버지의 생각은 별로 안정적이지 못했다. 대화가 끊기고 어색한 침묵이 감돌면 멍하니 바라보며 오직 자기만 들을 수 있는 눈의 대화를 시작했다.

아버지와 함께 있을 때면 내가 누구인지가 더욱 선명하게 느껴졌다. 그는 또 다른 거울이었다. 그와 함께 있으면 어머니에게서 발견하지 못한 나의 모습을 볼 수 있었다. 나는 그가 자기에게 어울리지 않는 말, 곧 "너를 사랑한다." 같은 말을 하기 시작하기 전까지는 내가 "아빠"라고 불렀던 이 일관성 없는 친척과 함께 있는 모든 순간을 즐거워했다. 그 말은 그가 말하기에는 너무 거창한 말이었다. 그는 그 말을 할 때 진심으로 그렇다고 믿고 말했을 테지만 나는 그렇게 믿지 않았다. 아니, 믿을 수가 없었다.

내가 나의 어머니를 통해 이해한 바에 따르면 사랑은 바람과 같지 않다. 바람과 같은 것은 무관심이다. 바람과 무관심은 자기가 내키는 대로 멋대로 움직인다. 자기에게 이로우면 잠시 머물렀다가 가정이 망가지는데도 아무런 경고도 없이 떠나 버린다. 반면에 사랑은 항상 그 자리에 있는 태양과 같다. 태양은 움직이는 것처럼 보일지 몰라도 영원히 그대로 머물러 있다. 내가 아는 한, 아버지는 가만히 머물 수 없었다. 그는 나를 사랑하지 않았다.

시간이 지나면서 나의 확신은 더욱 굳어졌다. 아버지의 피가 나의 심장이 형성되도록 도와준 것은 사실이지만 나의 생일을 지나칠 때도 많았고, 처음 자전거를 배울 때도 곁에 있지 않았다. 나의 키와 몸무게가 자라고, 학년이 올라가고, 학교가 바뀌는 변화가 일어날 때도 그는 없었다. 그러다 보니 아버지를 마음에서 몰아내도 마음이 편해졌다.

———————

나는 말을 잘 알아들을 수 있을 만한 나이가 되었다. 나와 대각선 방향에서 현관 의자에 기대어 있던 그는 현관문 밖으로 몸을 반쯤 내민 사람과 짧은 대화를 나누었다. 대화가 끝나자 얇은 금속으로 된 스크린 도어가 요란한 소리를 내며 제자리로 돌아갔고, 그는 다시 의자를 내 쪽으로 돌렸다.

"내가 너를 사랑하는 것 알고 있지?" 나는 얼굴을 돌렸다. 내 얼굴에 특유의 냉소가 드러나는 것을 보지 못하게 하기 위해서가 아니라 그가 이제는 내게 영향을 전혀 미치지 못한다는 것을 감추기 위해서였다.

나는 "네..."라고 대답했다.

"이것이 나다. 나는 사람들 곁에 꼭 붙어 있지 않으면서도 그들을 얼마든지 사랑할 수 있다. 그렇게 나는 너와 너의 오누이들을 사랑한다(그는 첫 번째 부인을 통해 다른 두 자녀를 낳았다). 나는 내 아내도 사랑한다(그의 두 번째 부인). 그러나 너희가 모두 나를 인정하지 않는다고 해도 나는 내 방식대로 사랑할 것이고, 나를 혼자 놔두기를 원한다고 해도 나는 조금도 개의치 않을 것이다. 너희를 사랑하지 않는다는 말이 아니라 그런 일에 내가 아무런 영향도 받지 않는다는 뜻이다."

나는 뭐라고 대꾸를 하려다가 입을 꾹 다물었다. 그러고는 그의 몸을 유심히 살피며 그의 말이 무슨 의미인지를 파악하려고 시도했다. 내가 사람들의 말을 들을 때 말 자체를 그저 부차적으로 생각하게 된 지는 이미 오래되었다. 모든 말을 사실이라고 믿기에는 사람들이 내게 진정이 담기지 않은 말을 너무 많이 했기에 모든 말을 사실로 믿을 수는 없었다. 그러나 몸은 항상 겉으로 드러나지 않는 한두 문장을 대화에 덧붙이는 기능을 했다.

그의 손에 귀를 기울여보니 편안하게 들렸다. 그의 목소리는 거칠지 않고, 차분하고 부드러웠다. 여전히 아름다운 그의 눈은 아래로 향해 땅 위를 오락가락하지 않고, 나를 계속 주시했다. 그 눈빛으로 볼 때 그의 말은 거짓이 아닌 듯 싶었다. 그의 눈빛은 나의 여린 감수성을 자극했다. 어떻게 이 남자(나의 아버지)가 나(자기의 딸)에게 내가 아무리 자기를 멀리하더라도 아무런 상관이 없다고 말할 수 있는 것인지 도무지 이해하기 어려웠다. 물론 그는 내가 없어도 지금까지 살아온 대로 아무런 죄책감도 없이 평화로운 마음으로 잘 살아갈 수 있을 것이었다. 그런 고백의 말은 그가 그동안의 세월을 거치면서 부성애를 발현해 온 방식이었다. 그것은 그가 사랑하면서도 돌보지 않을 수 있고, 잠시 돌아왔다가도 또 다시 돌아오지 않을 수 있는 능력을 지녔다는 의미, 곧 자기와 똑같은 얼굴을 가진 사람과 마주 앉아 있다가도 두 번 다시 그를 보지 않기로 쉽게 결정할 수 있다는 의미였다. 그것은 이 사람이 나를 사랑할 수 없다는 증거였다. 설혹 그가 나를 사랑한다고 해도 그의 사랑은 내 마음이 용납할 수 없는 간헐적인 사랑에 지나지 않았다. 그날 이후로 나는 아버지에게 다시 연락하지 않았다. 아버지가 그런 사실을 의식이나 했었을까 의심스럽다.

나는 아버지 덕분에 신뢰에는 많은 위험이 뒤따른다는 사실, 곧 누군가가 자기를 신뢰할 수 있는 사람이라고 말한다고 해서 무작정 그의 말을 믿을 수는 없다는 것을 깨달았다. 사람들은 종종 손가락 틈 사이로 아무것도 빠져나가지 못하게 하려고 손가락을 살짝 구부린 채로 손바닥을 펴서 내게 내밀면서 나의 신뢰를 그 위에 올려놓기를 바랐다. 그러나 나는 그들에게 나의 신뢰를 주지 않았다. 내가 신뢰를 주지 않는 한, 그들이 억지로 가져갈 수는 없다. 그들은 나의 유머를 듣고 나의 음식을 공유하고 나의 주소를 알고 심지어는 나의 사연 가운데 몇 가지를 알 수 있다. 나는 가슴 아픈 사연은 쏙 빼놓고 그 외의 것만을 말함으로써 그들이 나를 안다고 생각할 만큼의 정보만을 제공할 것이다. 다른 방법으로는 나를 안전하게 지키는 방법을 몰랐기 때문에 나는 점점 무심하고, 무감각하게 변해 갔다. 그러나 그와 동시에 나는 고통을 피하는 방법을 스스로 터득하고 있었고, 사랑 없이 살 수 있도록 나를 훈련하고 있었다.

어떤 것을 사랑하면 마음이 괴로울 뿐 아니라 부서질 수도 있다. 마음이 다치지 않게 하고 싶으면, 아무에게도, 심지어 동물에게도 마음을 주어서는 안 된다. 작은 사치와 취미로 마음을 조심스럽게 감싸고, 무엇에도 얽매이지 말라. 그것을 이기심이라는 상자나 관 속에 넣어 안전하게 보관해야 한다. 그러나 공기도 없는 어둡고 안전한 그 상자 안에 가만히 있으면 마음이 변하게 될 것이다. 즉 절대로 부서지지 않는 것으로, 곧 깨뜨릴 수도 없고, 뚫을 수도 없고, 되살릴 수도 없는 것으로 변할 것이다…사랑한다는 것은 상처

에 노출됨을 감수한다는 것을 의미한다.[1]

———

그 당시의 상황과 관련해서 다른 어떤 일들이 벌어졌는지 기억이 나지 않는다. 그날 아침에 무엇을 먹었고, 무슨 옷을 입었는지도 알 수 없다. 갈색 스웨터였을까, 아니면 오렌지색 티셔츠였을까? 와플이었을까, 팬케이크였을까? 어머니가 나를 친구 가정의 집에 떨궈놓고 가기 전에 내게 무슨 말을 하셨는지도 생각나지 않는다. 친구 가정은 어머니가 자기 아이를 직장에서 돌아올 때까지 보호해 달라고 믿고 맡긴 곳이었다. 그녀는 작별 인사를 하기 전에 틀림없이 나를 안아주었을 테지만 그마저도 불분명하다. 다른 것은 거의 생각나지 않고, 지하실의 색깔만 기억난다.

지하실은 어두웠다. 구석에 있는 작은 창문을 통해 들어오는 빛이 전부였다. 두 줄기의 긴 햇빛이 방을 가로질러 지나갔고, 안개처럼 보이는 것이 자욱했다. 내가 어떻게 그곳에 있게 되었는지는 하나님만이 아신다. 여섯 살인가 일곱 살 때, 지하실에 내려가라는 말을 듣고 그렇게 한 이유는 아마도 장난감을 찾을 수 있을 것이라는 말 때문이었을 수 있다. 또는 일종의 놀이였을 수도

———

1. C. S. Lewis, *The Four Loves* (New York: Harcourt Brace, 1960), 121.

있고, 어쩌면 내가 있던 집에 사는 십 대 오빠가 나와 숨바꼭질 놀이를 하기 원해서였을 수도 있다. 당구대, 여러 개의 벽장, 수북이 쌓여 있는 망가진 상자들을 비롯해 공간이 따로 분리된 세탁실이 있었고, 어둡기까지 했기 때문에 숨을 곳이 아주 많았다. 어떻게 그 모든 일이 시작되었는지는 알 수 없다. 확실하게 생각나는 것은 그가 나에게 했던 행위 때문에 정상적으로 숨을 쉬기가 곤란했다는 사실 한 가지뿐이다. 그는 내게 그 일을 하라고 시켰고, 나는 그 말에 복종했다. 50초나 15분쯤 걸렸을까? 생각나지 않는다. 그는 나보다 덩치도 더 크고, 나이도 더 많았고, 내가 아는 한 그것은 게임이었다.

그로부터 10여 년이 지나고 나서 나는 한 여성이 눈물을 흘리면서 괴로운 목소리로 오프라 윈프리에게 자기 집에서 성추행을 당한 사실을 말하는 소리를 듣고는 얼른 텔레비전에 관심을 집중했다. 그녀는 자신의 육체에서 순결한 숨결을 앗아간 폭력 행위를 묘사했다. 세부적인 상황을 한 가지씩 기억해 낼 때마다 그녀는 카메라 앞에서 상심한 마음을 가누지 못했다. 그녀는 눈을 꼭 감고, 고개를 좌우로 흔들면서 과거의 선명한 기억을 떨쳐버리려고 애썼다. 눈물을 흘릴 때마다 그녀는 더욱더 힘겨운 모습을 보였다. 청중 앞에서 당시의 고통을 말로 표현하는 일은 참으로 감당하기 힘든 일인 것이 분명했다.

그 말을 듣고 있자니 지하실의 어둠과 그 안에서 일어난 일이 생각났다. 내가 듣고, 내가 기억하는 것도 단지 무엇이라고 꼭 집어 말할 수 없다는 것을 제외하고는 그것과 똑같았다. 나로서는 너무 당혹스러워 아무에게도 말할 수 없는 일이 일어났다고밖에 달리 생각하기가 어려웠다. 이 여성의 말에 따르면 나는 성적 학대의 희생자였다. 내게 일어난 일이 무엇인지를 분명하게 알게 되자 나의 양쪽 눈에서 눈물이 흘러내렸다. 한 방울이 떨어지더니 이어서 여러 방울이 흘러내렸다. 그녀의 이야기는 물론, 그녀의 고통이 내게도 생생하게 전달되었다. 정욕에 사로잡힌 십 대 소년에게 희롱을 당했다는 사실을 알게 되자 내 머리가 툭 하고 가슴을 향해 무겁게 굽어졌고, 마음이 무너져 내리는 느낌이 들었다.

우습게도 때로는 생각이 육체가 당한 일을 스스로 기억하지 못하도록 가로막곤 한다. 생각은 마치 그런 일이 있었다는 것을 잊게 만들면 고통을 길들여 무마시킬 수 있을 것처럼 자기 마음대로 학대받은 기억을 깊이 파묻어 버리기로 결정한다. 그러나 충격적인 경험을 기억하지 못한다고 해서 그 영향으로부터 자유로운 것은 아니다. 특정한 냄새, 소리, 광경, 감각, 질문, 어조, 장소, 사람, 사람들, 인격적 기질 따위를 접하면 충격이 여전히 되살아났다가 사라지곤 한다. 빛 가운데로 드러내고, 그 출처를 확인하고, 우리 자신을 이해하고, 그동안 얻지 못했던 특별한 치유를 얻어야 한다.

부성애의 부재와 성적 학대를 경험한 탓에 하나님이 남자로 만드신 사람들에 대한 나의 관점은 그들이 하는 행위에 대한 경험을 토대로 형성되었다. 한 남자의 부재는 남자들은 사랑할 능력이 없다는 생각을 갖게끔 만들었다. 그들은 사랑하겠다고 약속하지만 실제로는 이따금 간헐적으로 짧게 표현되는 애정만 보일 것이다. 그들은 다른 모든 것에는 일관성이 있으면서 자신의 혈육과 관련된 일에 대해서는 그렇지가 않은 듯했다. 나는 남자들이 진실할 수 있다는 믿음을 포기했다. 그 소년도 참된 남자가 아니기는 마찬가지였다. 그는 남자가 되어가는 과정에서 어린아이를 상대로 자신의 욕구를 해소했다. 어린 소녀가 처음 경험한 남자의 사랑은 그녀의 아버지의 따뜻한 포옹이 아닌 다른 남자의 욕정이었다. 결국 남자의 신체 접촉은 무엇이든 안전하지 않다고밖에 달리 생각할 수가 없었다. 나는 성적 학대의 경험 때문에 남성의 친근한 행동이 남성의 이기심을 저속한 방식으로 발현하는 행위일 뿐이며, 나는 그들에게 있어 사랑해야 할 인격체가 아닌 정복해야 할 육체에 불과하다는 인식을 갖게 되었다.[2] 그러나 내가 동일한 확신으로 확신할 수는 없었지만 또다른 남자가 나를 줄곧 사랑해오고 있었다.

---

2. 물론 성적 학대나 부성애의 부재 때문에 내가 동성애자가 된 것은 아니다. 그런 요인들은 단지 이미 내 안에 있던 것(죄)을 실현하는 길로 더 빠르게 나가도록 도와주었을 뿐이다(시 51:5, 롬 1:26, 27, 약 1:15).

5장

• • •

2006년

댄스파티가 끝난 후 집에 돌아와서도 내가 들었던 질문이 뇌리에서 사라지지 않았다. "재키, 내 여자 친구 하지 않을래?"라는 질문이 내 안팎에서 빙빙 감돌았고, 아무리 떨쳐버리려 애써도 그렇게 할 수가 없었다. 내가 그녀의 제안을 거절했을 때 그녀는 마치 화가 났다는 듯, 아니면 내 말이 거짓말이라는 것을 알고 있다는 듯 머리를 뒤로 약간 젖히는 행동을 했다.

내가 그 자리를 떠날 때 그녀는 내가 결국 다시 돌아와서 진실을 말할 것을 알고 있기라도 한 것처럼 내 등을 바라보며 능글맞은 웃음을 지어 보였다. 마치 그녀는 초등학교 2학년 때에 내가 경험했던 일과 철자를 배우고 난 뒤에 내가 갖게 된 꿈들이 무엇인지를 알고 있는 것 같았다. 여성이 가까이 다가왔을 때 가슴이 울

렁거리는 현상을 일컫는 말이 무엇인지를 알게 된 후에 갖게 된 꿈 말이다. 아마도 나는 직설적인 말들을 들었을 것이며 내가 들었던 말들은 아주 직선적인 방식으로 전해졌을 것이다. 그럼에도 나는 레위기가 가증스러운 일이라고 일컫는 행위를 행하고자 하는 지속적인 욕망을 갖게 되었다. 나는 한 명 이상의 목회자들에게서 그 말을 들었다. 심지어 어떤 목회자들은 불을 삼키지 않으려고 애쓰는 듯한 사람의 목소리로 그 말을 날카롭게 외쳐댔다. 그러나 그런 사실을 알고 있었음에도 불구하고 그녀를 갈망하는 마음은 사라지지 않았다. 다만 그런 사실을 알고 있었기 때문에 먼저는 나 자신에게 그리고 결국에는 그녀에게 그런 내 마음을 인정하는 것이 더 쉽지 않았다.

———————

나는 지옥에 가고 싶지 않았다. 그녀를 생각할 때마다 지옥이 생각났다. 나는 무방비 상태로 벌거벗고 있는 나의 피부가 불에 타는 광경을 떠올리며 지옥에서 사는 삶이 어떨지 상상해 보았다. 갈증을 달래기를 바라며 입을 벌릴 때마다 뜨거운 공기와 열기가 내 목구멍을 말려버릴 텐데 어떻게 갈증을 해소할 수 있을지 궁금했다. 나의 코도 커피나 꽃 냄새는 못 맡고, 온통 죽음의 냄새만을 들이킬 것 같았다. 좋은 것은 모두 사라지고 단지 기억 속에만 남아 있을 것이고, 영원히 피로에 찌든 상태로 빛, 희망, 휴식, 편안한 호흡, 포옹, 나를 향한 미소, 웃음, 응답받을 수 있는 기도를 갈망하며 어둠의 끝을 향해 걸어갈 것이 분명했다. 하나님은 듣고만 계실 뿐 아무 말씀도 하지 않으실 것이다. 구원을 바라지만 더 이상의 구원은 없다. 구원의 기회는 이미 지나간 과거이고, 설교 말씀을 듣기만 하고 믿지는 않은 탓에 잿더미를 삼켜야 할 것이다. 지옥이란 선택지가 주어졌다. 나는 그녀가 지옥을 불사하면서도 얻을 가치가 있는지를 결정해야 했다.

나는 내 자신에게 "이것은 네가 항상 원했던 것이야."라고 말했다. 나는 벌건 대낮에도 여성들과 함께 어울리는 것을 꿈꾸면서 오랫동안 은밀하게 그런 생각을 품어 왔지만 그것을 행동으로 옮길 만한 용기가 없었다. 여성들과의 친밀함을 느낄 수 있는 작은 순간들, 곧 친구가 복도에서 나를 껴안거나 짧게 웃음을 터뜨리며 내 팔을 붙잡거나 하는 일이 있을 때면 항상 기분이 좋았고, 약간은 중독성이 있는 것 같은 느낌마저 들었다. 그런 일들이 충분히 오랫동안 지속되어 왔기 때문에 이제는 그 이상의 자극이 필요했고, 마침내 그것을 누릴 수 있는 기회가 찾아왔다. 또 다른 세계로 나가려면 주어진 기회를 붙잡아야 했다.

"그런데 지옥은 어쩌지?" 내가 마지막으로 참석한 교회에서 들은 말에 따르면 그 어두운 장소는 이성을 사랑할 수 없는 사람들이 가야 할 곳이었다. 그녀를 선택하면 결국 그곳에 갈 수밖에 없었다. "한 번 해보고 어떻게 되는지 볼 수도 있잖아."라는 생각이 들었다. 나의 마음과 양심은 각각 줄의 반대편 끝에 매달려서 서로 팽팽히 맞선 상태에서 내가 둘 중 어느 쪽을 떨어뜨릴지 결정하는 것을 기다렸다.

나는 침대에 앉아서 여느 때와 같이 내 양심과 대화를 나누었다. 나는 내 양심이 그렇게 말이 많은지 처음 알았다. 아니, 어쩌면 본래부터 말이 많았는데 내가 그 말을 무시하는 데 익숙했었는지도 모르겠다. 양심은 내게 무엇을 피우지 말라, 너무 많이 마시지 말라, 어떤 말을 하지 말라, 어떤 것을 보지 말라, 어떤 것을 생각하지 말라고 수없이 경고했다. 그러나 나는 단 한 번도 그 말에 귀를 기울이지 않았다. 나는 내가 하고 싶은 것이면 무엇이든 했다. 나의 양심은 나를 기분 좋게 만드는 것이라든가 내 소견에 옳은 것 등에는 관심이 없고, 올바른 것에만 관심을 기울이는 듯했다.

한편 내 마음은 나를 잘 알고 있었다. 내 마음은 어렸을 때부터 나를 이끌었고, 나를 갈색 플라스틱 오두막으로 이끌었었다. 그 일이 있고 나서 2년 뒤에 친구 집에서 포르노를 볼 때도 내 마음은 저것을 계속 보고, 아무에게도 말하지 말며, 본 것을 모두 기억하고, 어머니가 잠을 잘 때 집에서도 보라고 속삭였다. 내 마음은 반딧불이가 밤하늘에 둘러싸여 있으면 그 어둠 때문에 반딧불이의 몸이 불꽃처럼 더 환해진다고 속삭이면서, 어둠 속을 향해 날아가는 반딧불이처럼 자유로워지라고 나를 부추겼다.

나의 양심은 서서히 어두워졌고, 나는 나의 양심이 제기하는 질문을 묵살하는 데 전념했다. 그러나 하나님은 모든 것을 지켜보고 계셨다. 그분은 내가 입으로 말하지 않은 것까지 다 알고 계셨고, 내 마음이 숨죽여 속삭이는 소리를 모두 듣고 계셨다. 죄를 지은 두 사람이 나무 뒤에 몸을 숨기고, 모든 것을 보시는 하나님의 눈길을 피할 수 있다고 생각한 것은 큰 착각이었다(창 3:8). 그들은 마치 나무의 수액을 통해 구원을 얻을 수 있기라도 한 것처럼, 고백해야 마땅한 죄를 나무껍질 뒤에 감추었다. 하나님은 그런 그들을 향해 쿵쾅거리며 달려오시지 않고, 천천히 다가오셨다. 마치 부드러운 긍휼을 베푸실 것을 암시하는 것 같았다. 그분은 그들에게 어디에 있느냐고 물으셨다. 그들이 있는 곳을 몰라서가 아니라 그들에게 고백의 기회를 주시기 위해서였다. 그들에게 어디에 있느냐고 물으실 뿐 아니라 왜 그곳에 있느냐고 물으시기 위해서였다. 죄지은 것을 부인하고, 고백하기를 싫어하며, 하나님이 우리를 완전히 아신다는 사실을 무시하며, 그로 인해 마땅히 품어야 할 경외심을 품지 않는다면, 회개하기가 불가능하다. 하나님으로부터 숨을 수 있다고 생각한다면 그것은 스스로 속이는 것이다.

"내가 주의 영을 떠나 어디로 가며

주의 앞에서 어디로 피하리이까

내가 하늘에 올라갈지라도 거기 계시며

스올에 내 자리를 펼지라도 거기 계시니이다

내가 새벽 날개를 치며 바다 끝에 가서 거주할지라도

거기서도 주의 손이 나를 인도하시며

주의 오른손이 나를 붙드시리이다

내가 혹시 말하기를 흑암이 반드시 나를 덮고

나를 두른 빛은 밤이 되리라 할지라도

주에게서는 흑암이 숨기지 못하며

밤이 낮과 같이 비추이나니

주에게는 흑암과 빛이 같음이니이다"(시 139:7-12).

　　나의 비밀은 전혀 비밀이 아니었다. 나의 죄가 하나님 앞에 고스란히 드러나 있었다. 나의 양심은 날이 서늘할 때 동산을 거닐며 어디에도 숨을 곳은 없다고 말씀하시는 하나님의 음성과도 같았다. 하나님은 모든 것을 다 듣고 계셨고, 다른 목소리를 들려주기를 원하셨다. 그것은 "만일 우리가 우리 죄를 자백하면 그는 미쁘시고 의로우사 우리 죄를 사하시며 우리를 모든 불의에서 깨끗하게 하실 것이요"(요일 1:9)라는 목소리였다. 그러나 나는 하나님이 나의 고백을 듣고 용서하시기를 원하지 않았다. 나는 오직 나를 빛으로부터 멀어지게 만드는 목소리에만 귀를 기울이려고 했다. 내가 원했던 것은 어둠 속에 숨어 있는 자유였다.

나는 그리스도인들이 자유에 관해 말하는 것을 들었다. 그들은 하나님이 자신의 마음을 사로잡아 그 완고함을 없애주셨을 때 비로소 자유를 얻었다고 말했다. 그 덕분에 그들은 "순종하거나" "말씀을 신뢰하는 것"과 같이 인간의 본성을 거스르는 행위를 할 수 있었다. 그러나 불순종을 고집했던 내 귀에는 그런 말들이 노예와 같은 굴종의 의미로 들렸다.

내 자신에게 정직하자면, 나는 내 자신이 그녀와 동성애의 사랑을 나누고 싶어한다는 것을 알았다. 나는 소셜 미디어를 통해서만 그녀와 연락을 취할 수 있었기 때문에 그녀가 어떤 표정을 짓는지 보지 않고도 그녀에게 진실을 말할 수 있는 기회를 가질 수 있었다. 그녀는 내 메시지를 읽고는 다시 능글맞은 표정을 지으며 자기 생각이 옳았음이 증명된 자의 득의양양한 미소를 지었을지도 모르겠다. 하지만 나는 그걸 안 봐도 되었다. 그녀가 보낸 답장을 읽은 나는 깃털처럼 가벼워지는 느낌이 들었다. 마치 내 머리 위의 지붕이 열리고, 내가 날아올라 열린 틈의 가장자리에 발목을 부딪치며 밖으로 빠져나가는 듯했다. 그런 느낌은 그녀에게 원인이 있기보다는 나 자신에게 원인이 있었다. 그것은 내 방식대로 세상을 탐험하며, 그 안에서 내 자리를 찾는 과정이었다. 그녀는 단지 그 과정을 돕는 조력자였다. 내 다리로 하늘을 딛고 나는 법을 배우기 위해서는 그녀가 필요했다. 저 위는 어떠한가. 거기서는 보행은 소용 없다. 사실 하늘을 나는 데는 우리의 팔이나 다리는 필요하지 않다. 우리는 단지 몸을 던진 채로 밤하늘이 우리를 얼마나 신속하게 이끌고 다니는지를 지켜보기만 하면 된다. 내가 입을 벌리면 어둠이 내 이를 닦아 주고 결국 내 혀 주위로 가득 퍼져 들어갈 것이다. 자유가 그런 느낌이라는 것을 과연 누가 알랴?

　나는 문을 닫고서 목소리만으로 그녀를 집 뒤쪽으로 인도했다. 그녀를 앞세워 걷게 했기 때문에 망설이는 눈빛을 들킬까봐 두려워할 필요는 없었다. 내 어머니의 집 뒤편에는 일광욕실(햇빛이 많이 들어오게 만든 방—편집주)이 하나 있었다(그 시간에 어머니는 직장에 있었다). 어머니가 한 번도 만나보지 못한 사람들의 이름을 붙인 식물들이 그 공간을 가득 채우고 있었기 때문에 사방이 온통 녹색이었다. 나는 "라비니아" 옆에 앉았다. 라이터를 켜는 소리가 들렸다. 불꽃이 일어나 담배에 붙기까지는 라이터를 몇 차례 튕겨야 했다. 그러나 일단 불이 붙자 엽궐련 이상의 것이 방안에서 타는 것처럼 연기가 구석구석으로 퍼져나갔고, 일광욕실은 서서히 달에 안개가 낀 것처럼 변해갔다. 그녀는 엽궐련을 조금 빨고 나서 나에게 피라고 건네주었다. 나는 한 모금 빨고는 그녀에게 "앉아."라고 말했다.

우리는 연기가 자욱한 방에서 엽궐련을 손에 쥐고 서로 공간을 넉넉하게 차지한 채 의젓하게 앉았다. 우리의 친밀함은 설교자들이 말하는 친밀함과는 달랐다. 그들은 우리와 같은 관계를 비정상적인 것으로 간주했다. 그들은 때로 "하나님은 아담과 스티브가 아니라 아담과 하와를 만드셨습니다."라는 기발한 말을 하기도 했다. 그러나 그런 말에도 불구하고 그녀와 가까이 있는 것이 좋은 것은 어쩔 수 없는 사실이었다. 그들이 이상하게 여기는 것이 내게는 이성애보다 훨씬 더 자연스러웠다. 그녀의 몸은 나를 너무나도 편안하게 해주었다. 나는 그 모든 것이 다시 꿈속으로 사라지거나 잠을 잘 때만 꿈속에서 동성애자가 되는 일이 더 이상 없게 하려고 그녀를 더욱 힘껏 끌어안았다.

———————

그녀는 그녀의 어깨너머로 자기를 바라보고 있는 나를 보고는 미소를 지었다. 약간 놀랍다는 표정이었다. 마치 반딧불이가 기대했던 것보다 밤하늘을 더 많이 밝히는 것을 보는 듯한 미소였다. 나는 "왜 그래?"라고 물었다. 그녀는 나에 관해 무엇인가를 발견한 것이 분명했다. 나는 그녀가 그것을 말로 명확하게 밝혀주기를 원했다. 그녀는 "너는 항상 동성애자였던 것이 틀림없어."라고 말했다. 나는 십 대 소녀다운 그녀의 눈을 올려다보며 능글맞게 웃었다.

6장

• • •

2007년

"오늘 밤에는 스터드 stud (종마 같은 남자를 일컫는 말—편집주)처럼 멋지게 차려입어." 나의 새 여자 친구가 내 침대 머리맡에 앉아 햇빛에 비친 다리를 꼬면서 말했다. 여자들끼리 사랑을 즐기는 세상을 내게 알려준 여자와 함께 지낸 지 여러 달이 흘렀다. 나는 흑인 동성애자들의 틈에서 주변 세상의 언어와는 다른 언어를 배웠다.

동성애자가 아닌 사람들이 일반적 외양의 젊은 여성 regular-looking girl 이라고 지칭하는 여자—지갑을 들고, 손톱을 단장하고, 립글로스를 바르고, 하이힐을 신고, 치마를 입고, 여자 친구가 아닌 남자 친구를 사귀고 있는 것처럼 말하는 여자—를 우리는 "펨 fem"이라고 불렀다. 그와는 달리 말괄량이 tomboy라는 단어는 나와 같은 유형의 여자, 곧 지갑, 드레스, 립글로스, 치마를 싫어하고 항상 모두가 생각하는 여성의 말투보다는 좀 더 공격적인 말투를 사용하는 여자를 가리키는 말로 오래전부터 사용되어 왔다. 그러나 내가 새로 발견한 이 세계, 곧 해가 뜨지 않을 때조차도 항상 무지개를 볼 수 있는 이곳에서는 말괄량이를 "스터드"로 지칭했다. 나는 여자 친구를 위해 문을 열어주고, 음식값을 내고, 필요한 경우에는 그녀를 보호해주고, 그녀가 절대로 내 허리를 껴안지 못하게 하고, 포옹하기 위해 그녀가 내 목을 붙잡아야 할 때는 허리를 굽혀주고, 그녀보다 더 강하다는 것을 보여주기 위해 그녀를 끌어당겨 안는 등, 이미 스터드의 역할을 해오고 있었다. 지금 그녀는 내가 방금 말한 것처럼 옷을 차려입고, 그 차림새를 통해 "남성성"을 마음껏 발산해주기를 원했다.

나는 우리 집에서 다섯 집 떨어진 곳에 사는 한 남자 친구에게서 청바지를 빌렸다. 한쪽 다리를 청바지에 집어넣는 순간, 내 왼쪽 다리와 가랑이 안쪽에 짜릿한 전율이 느껴졌다. 그 전율은 얼굴까지 타고 올라오기 직전에 멈추더니 미소로 바뀌었다. 나는 그 흥분감을 제어하기 위해 크게 웃었다. 다른 쪽 다리를 청바지에 집어넣는 일도 똑같이 쉬웠고, 이번에는 오른쪽 다리에서 생겨난 전율이 무릎과 흉부를 지나 소매가 긴 헐렁한 셔츠 아래를 통과해 양손까지 전해졌다. 나는 청바지를 허리까지 끌어당긴 뒤에 약간 느슨하게 만들어 남자들이 하는 대로 조금 쳐져 보이게 했다.

그 세계에서는 나를 여자답지 못한 아이로 보이게 만드는 것만으로는 충분하지 않았다. 나는 나이가 들면서부터는 여성적인 것으로 간주되는 물건들까지 모조리 멀리했다. 분홍색은 흉하게 생각되었기 때문에 분홍색 옷을 입지 않았고, 드레스는 거북했기 때문에 마다했으며, 지갑은 불편했기 때문에 들고 다니지 않았다. 사람들은 그런 물건들이 여자를 여자답게 만드는 것이라고 생각했다. 우리 여성 안에 있는 성염색체가 언젠가는 생명을 잉태하기 위해 우리의 엉덩이를 펑퍼짐하게 넓히게 된다는 사실은 그다지 중요하지 않았다. 또한 우리가 남자를 보호하기 위해 날아오는 총탄 앞에 몸을 던지기보다는 남자가 쓰러지면서 가장 먼저 눈앞에 떠올리는 다정스러운 얼굴이 되는 것을 더 좋아하는 본성을 지니고 있다는 것도 중요하지 않기는 마찬가지였다. 여성은 목젖이 없는 음성으로 남자의 머리와 손을 붙잡고, "괜찮을 거예요."라고 말하는 특성이 있고, 근육보다는 살이 많은 체질이며, 양육의 본능이 있고, 가슴이 부풀어 오르며, 남자들에게는 없는 사춘기의 징후를 겪는다. 여성은 수업 중에 생리가 나오면 미처 준비가 되지 않은 관계로 창피해서 웃는다. 남자들은 생리를 하지 않기 때문에 그런 경험에 대해 그들에게 물을 필요가 없다. 그들은 남자들이다. 남자들은 단지 너무 거칠게 놀거나 심하게 싸울 때에만 피를 흘린다. 그러나 우리는 본성적으로 피를 흘린다. 내 몸이 보여주는 대로 자연은 우리를 "여성"으로 일컫는다.

그러나 사회는 나를 남자 같다고 말했다. 사회는 여성은 치마를 입어야 하는 사람으로 만들었고, 남성은 모든 사람이 귀를 기울여 들어야 할 것처럼 말하는 사람으로 만들었다. 둘 다 충분한 거울이 못 되었다. 내가 누구인지를 말해주려면 나보다 훨씬 더 똑똑해야 할 뿐 아니라 나처럼 창조된 존재가 아닌 누군가가 필요했다. 왜냐하면 그런 존재만이 모든 것을 가장 잘 알 수 있을 것이기 때문이다.

————

우리가 아는 한, 선^善이라는 개념과 정체성은 이 세상에 함께 나타났다. 하나님은 자신의 형상을 따라 아담과 하와를 창조하실 때, 그들이 별이나 식물이나 동물과는 다르기를 원하셨다. 그들은 아름답지만 영혼이 없는 다른 피조물들과는 달랐다. 그들은 몸과 마음과 영혼으로 이 세상에서 하나님을 반영할 수 있었다. 하나님의 형상을 지녔다는 것이 그들의 가장 중요한 정체성이었다. 그들은 그런 정체성을 드러내는 삶을 통해 자신들이 누구를 위해 어떤 목적으로 창조되었는지를 보여주어야 했다. 또한 그들은 자기들끼리도 서로 뚜렷하게 구별되게 만들어졌다.

하나님은 그들을 남자와 여자로 창조하셨다(창 5:2). 이 두 단어는 개인이나 집단이나 사회나 문화나 한 나라가 만들어내지 않았다. 그 말들은 자신이 창조하신 것을 묘사하기 위해, 그리고 그 존재 형태를 디자인하신 것을 묘사하기 위해 하나님이 사용하신 말이다. 동일한 하나님으로부터 서로 다른 두 사람이 비롯되었다. 하나님은 천지 만물과 인간을 창조하시고 나서 그것들을 보시고 보기에 좋다(선하다)고 말씀하셨다. 식물들도 선했고 별들도 선했고 물고기의 지느러미도 선했다. 아담과 하와는 어땠을까? 그들의 눈은 또 어땠을까? 그들은 눈은 서로 달랐지만 마음으로는 같은 것을 보았을까? 그들의 손은 또 어땠을까? 아담의 손은 발굽을 한두 개 붙잡을 만큼 충분히 크고, 하와의 손은 새를 가만히 쥘 정도로 충분히 작았을까? 하와의 목소리는 아침처럼 잔잔했고, 아담의 목소리는 산처럼 웅대했을까? 그의 눈두덩이는 주먹처럼 강했고, 그의 얼굴은 "아멘"처럼 부드러웠을까? 하나님은 그 모든 것을 매우 좋았다고 말씀하셨다. 왜일까? 그 이유는 선하신 하나님이 그것을 만드셨기 때문이다.

죄는 선한 모든 것을 미워한다. 아담과 하와가 죄 가운데 살기로 결정했을 때 흥미로운 일이 일어났다. 그들은 금단의 열매를 먹고, 하나님께 죄를 지었다. 그 순간, 그들의 눈이 열렸고 그들은 가장 먼저 자신들의 육체를 보았다. 그들은 벌거벗은 상태였다. 그들은 그 사실을 인지했다. 변한 것은 아무것도 없었지만 모든 것이 변하고 말았다. 그들의 육체는 그들이 마귀의 말을 믿기 전과 똑같았지만 죄가 그것을 바라보는 그들의 시각에 영향을 미쳤다. 전에 아름다웠던 것이 수치스러운 것으로 바뀌어, 하나님과 그들의 관계는 물론, 그들끼리의 관계마저 파괴되었다는 사실을 상기시켜주었다.

죄는 나의 애정 affection 을 자기 뜻대로 주관했다. 나의 애정은 선천적으로 자연에 어긋나는 모든 것을 탐하고 즐거워하였기에, 나의 생각마저도 죄의 영향 아래 놓이게 하였다. 마치 역전된 시야처럼 죄는 모든 것을 정직하게 보지 못하고, 흐릿하게 보게 만들었다. 내가 지닌 육체가 마치 낯선 옷을 입고 있는 듯하게 느껴졌다. 다른 옷이 더 좋고, 더 따뜻하고, 더 입기 편하게 보였다. 나의 것은 낯설고 불편하고 가렵게 느껴졌지만, 그렇다고 해서 벗어 내던질 수도 없었다. 만일 내가 나와 나의 여성성을 비롯해 하나님이 만드신 모든 것 안에서 그분의 선하심을 볼 수 있었다면 "만물이 그에게서 창조되되 하늘과 땅에서 보이는 것들과 보이지 않는 것들과 혹은 왕권들이나 주권들이나 통치자들이나 권세들이나 만물이 다 그로 말미암고 그를 위하여 창조되었고"(골 1:16)라는 말씀이 내 육체에도 똑같이 적용된다는 사실을 쉽게 이해했을 것이다. 손, 머리, 얼굴, 엉덩이, 호르몬, 성기, 음성, 발, 손가락, 감정 등, 나의 모든 것이 하나님에 의해 그분을 위해 창조되었다. 내 육체는 본래 나의 것이 아니었다. 그것은 누군가가 자신을 위해 내게 준 것이었다. 그분은 그것을 수치가 아닌 영광을 위해 만드셨다. 그런데 하나님을 진정으로 알기 전까지만 해도 나의 정체성은 온통 마귀가 온 세상을 내달리면서 일으키는 흙먼지로 구성되어 있었다.

———————

우리는 주말마다 그곳에 갔다. 우리의 침실에 누군가가 들어올 것을 염려하지 않고 함께 잠을 잘 수 있는 장소는 그곳이 유일했기 때문이다. 그녀가 내 팔짱을 낀 채로 우리는 나란히 호텔 로비로 걸어 들어갔다. 호텔 계산대에 아무도 없었기 때문에 우리는 앉아서 기다렸다. 그렇게 함께 어울린 지 거의 반 년이 지났지만 서로를 사랑하는 동안에는 시간은 조금도 중요하지 않았다. 그녀는 나보다 키가 컸지만 갓 태어난 나비처럼 아름다웠다. 나는 그녀를 한 친구의 소개로 만났다. 처음에는 단지 한 번씩 문자만 주고받았다. 나는 이미 일 년 반 동안 사귀어 온 여자 친구가 있었지만 이따금 새로운 재미를 느껴보고 싶었다. 스터드가 되어 보라는 나의 전 여자 친구의 말대로 하고 나서부터는 내가 가는 곳마다 여자들이 내게로 몰려들었다. 내 얼굴은 모자를 쓰면 더 잘생겨 보였다. 여자들은 제각각 나 자신에 관해 내가 한 번도 들어보지 못한 말들을 들려주었다. 그들은 대부분 나를 원했다.

문이 활짝 열리며 그 뒤에 있는 벽을 때렸고, 벽지가 갈라지는 소리가 들리는 것 같았다. 그때 나타난 남자의 얼굴보다 등이 먼저 내 눈에 들어왔다. 그는 마치 산산이 날려버릴 사람이나 사물을 찾기라도 하듯 왼쪽, 오른쪽 벽을 번갈아 쏘아보며 자갈 같은 피부를 가진 190cm의 토네이도처럼 문을 지나 프런트 데스크 뒤로 갔다. 그는 프런트 데스크에 들르자마자 곧바로 다른 방으로 가버렸다. 누구를 찾는지는 몰라도, 로비에도, 프런트 데스크 뒤에도, 밖에도 그가 찾는 사람은 없는 듯했다.

나의 여자 친구는 눈길을 돌려 나를 쳐다보았다. 그녀의 눈빛은 광분한 그 남자가 로비를 가르며 지나가기 전과는 달리 명랑하지가 못했다. 그녀는 아무 말도 하지 않았지만 그 눈빛이 모든 것을 말해주었다. 나는 깜박이는 그녀의 눈에서 이런 말을 들었다. "저 사람과 이곳이 무서워. 그가 돌아오면 나를 보호해줄 수 있지? 그가 돌아오면 내가 자유로울 수 있도록 그를 붙잡아줄 수 있지?" 나는 그녀에게 아무 말도 하지 않고 속으로 "아니"라고 대답했다. 그의 우렁찬 목소리가 벽을 뚫고 들려오고, 그의 억센 팔뚝이 생각나자 나는 나의 팔뚝을 바라보며 여자처럼 느꼈다. 그녀의 눈이 말한 것을 나도 똑같이 말하고 있었다.

나는 테스토스테론이 가득한 누군가에게 우리를 위해 싸워달라고 애걸하고 싶었다. 하나님이 그에게 주신 힘을 모두 모아 우리를 지켜주었으면 하는 마음이 간절했다. 나는 그녀나 나를 보호할 수 없었다. 나는 그 사실을 알았다. 그런 자각이 나를 은근히 짜증스럽게 만들었다. 나의 양심이 내게 현실을 일깨워준 매우 불편한 시간이었다. 왜 나의 양심은 내가 계속 흙을 먹으면서 그것을 음식이라고 일컬을 수 있게 내버려둘 수 없었던 것일까? 이 옷들, 이 여자들, 이 꿈들, 이 목소리, 그것에 대한 그녀의 복종, 나의 어머니를 움츠리게 했던 이 육중한 발걸음, 이런 것들이 곧 진실인가? 과연 나의 변신은 성공적이었는가? 나는 내가 원했던 것이 될 수 없단 말인가? 나와 하나님 사이에서, 곧 나의 은밀한 양심 안에서 내가 여성이라는 불가피한 현실이 고스란히 느껴졌다. 나는 내가 할 수 있다고 믿었지만 남자로 창조된 한 남자를 마주하자 내가 아무리 무게를 실어 말한다고 해도 결코 극복할 수 없는 자연스러운 차이가 존재한다는 사실이 분명하게 의식되었다. 다른 방에서는 여전히 그의 목소리가 벽을 무너뜨릴 듯 우렁차게 들려왔다. 그의 목소리가 커질수록 나는 나의 이름(재키라는 여자 이름—편집주)이 더욱 생생하게 떠올랐다.

7장

• • •

2007년

나는 내가 동성애자라는 사실을 어머니가 알고 계신지 항상 궁금했다. 나는 어머니 앞에서는 내 여자를 그저 친구처럼 대하려고 최선을 다했다. 여자 친구의 손을 붙잡고 싶거나 욕정에 찬 눈빛으로 오랫동안 그녀를 응시하거나 그녀가 방을 가로질러 지나는 모습을 지켜볼 때마다 단둘이 있을 때까지는 모든 욕구를 숨겨야 했다. 성적인 친밀함이 어떻게 표가 나는지 아는 사람이면 누구나 우리에게서 그런 낌새를 쉽게 알아차렸을 것이다. 우리는 우연치고는 지나치게 가까이 앉았고, 부모들 앞에서는 포옹도 일부러 꾸민 것처럼 보였다. 우리는 특별한 대화도 아닌데 괜스레 사랑스럽게 미소를 짓기도 하고, 입을 가만히 다물고 있다가 입꼬리를 입 안쪽으로 말아 넣기도 했으며, 못된 행위를 하다가 들킨 두 아이처럼 갑자기 하던 말을 중단하고 서로의 고개를 재빨리 다른 곳으로 돌리기도 했다. 그러나 나의 어머니는 그것을 지켜보셨다. 그녀는 모든 것을 보고 계셨다.

나는 라디오 토론 방송을 싫어했지만 어머니에게는 그것이 하루의 일과를 시작하는 활력소였다. 어머니는 사장이고, 딸은 직원이었다(나는 어머니가 18년 전에 내 아버지를 만났던 그 레스토랑에서 어머니와 함께 일했다). 우리는 주중에 함께 차를 타고 일터로 향했다. 오늘 아침은 특히 월요일처럼 부담스럽게 느껴지는 수요일이었다. 방송 사회자가 전혀 중요해 보이지 않는 말을 끊임없이 늘어놓았다. 차창 밖으로 보이는 집들이 흐릿하게 보였다. 다행히 가끔 차 안에서 들리는 성가신 목소리가 중단되고, 전화로 토론에 참여한 사람들의 목소리가 들릴 때면 어머니는 "흠"이나 "으흥"으로 의구심을 나타내거나 동의를 표했다.

그때 새로운 토론 참여자의 목소리가 들려왔다. 그녀는 약 1분 정도 말을 하고 있었던 것 같다. 무엇을 말했는지는 잘 모르겠지만 끝부분을 들어보니 그녀가 어떤 일화를 말하고 있다는 생각이 들었다.

그녀는 자기 딸의 옷차림새를 묘사했고, 그것이 첫 번째 징후였다고 말했다. 그러고 나서 자기 딸이 어느 날 자기 집에 친구를 한 명 데려왔고, 그 친구는 다음 날 학교가 끝난 뒤에도 다시 자기

집을 찾아왔다고 말했다. 그러고는 자기 딸과 친구의 관계는 사람들의 이목을 끌 정도로 이상했기 때문에 딸의 친구가 집에 찾아올 때마다 눈살이 찌푸려졌다고 말했다.

그때 방송 사회자가 말을 끊고 물었다. "청취자께서 관심 있게 지켜보고 있는 문제에 관해 따님에게 말하셨나요?" 그러자 그녀는 대답했다. "물론이죠. 그 이야기를 꺼냈더니 딸이 부인하더군요. 딸은 '엄마, 그 아이는 단지 친구일 뿐이예요.'라고 말했어요. 그러나 나는 딸아이를 믿지 않아요. 나는 그 아이의 본성을 이미 알고 있었어요. 단지 딸아이가 스스로 말해 줄 때까지 기다렸을 뿐이에요."

나는 라디오 방송에 크게 관심이 없는 것처럼 보이려고 여전히 차창 밖을 내다보면서 선뜻 내키지는 않았지만 방송의 여성이 자기 딸에 대해 하는 말에 귀를 기울였다. 그녀의 딸은 옷도 나처럼 입고, 행동거지도 나와 비슷한 것 같았다. 또한 그녀의 딸의 친구는 나의 여자 친구와 흡사했다. 방송의 어머니가 자기 딸과 친구가 같은 방에 있을 때 그들을 바라본 모습을 묘사하는 말을 듣고 있자니 불현듯 나의 어머니도 나와 나의 여자 친구가 함께 있을 때 뭔가 의심을 하지 않았나 하는 생각이 들었다. 방송 사회자가 다시 개입했다. "참여해 주셔서 감사합니다. 지금, '당신의 자녀가 동성애자라는 것을 어떻게 알았는가?'라는 질문에 대답해줄 부모의 전화가 와 있습니다. 다음 참여자는...”

나의 어머니는 라디오의 음량을 높였다.

라디오가 꺼지기 전에 한 사람의 참여자가 더 나서서 마지막으로 내 이름을 거론하지 않고서 나에 관해 말했다. 어머니는 자동차를 주차했다. 나는 침을 꿀꺽 삼키며 다시 차창 밖을 바라보았다. 이번에는 터져 나오려는 눈물을 억제하기 위해서였다.

“너도 이런 사람이니?” 어머니의 음성은 어떤 대답이 나올지 확신하는 듯 분명했고, 그런 질문을 물어야 하는 상황을 슬프게 여기는 기색이 역력했다.

“그래요.” 나는 마음이 몹시 아팠지만 솔직하게 대답했다. 전에 말한 대로 이상하게도 슬픔만이 느껴졌다.

어머니는 나무들에게서 힘을 얻기라도 하듯 물끄러미 밖을 바라보더니 “알고 있었다.”라고 말했다. 물론 나도 어머니가 알고 있다는 것을 알았다. 단지 내가 어머니의 집에서 독립해서 나갈 때까지 내 입으로 진실을 말하고 싶지 않았을 뿐이다. 복도 옆에서, 내 방 안에서, 침대 앞에서, 벽과 벽 사이에서 나는 벽장 속에 있는 듯 은밀하게 살기로 마음먹었었다.

내 친구들은 나에 대해 모두 알고 있었지만, 나를 여전히 사랑했다. 나는 내 정체를 솔직하게 인정한 후 그들이 내게 등을 돌릴 것을 겁낸 적이 없었다. 그들에게 인정받는 것은 그다지 어렵지 않았다. 친구들이 파는 물건들을 수업 종이 울리기 전에 사주면 그만이었다. 그런데 나의 벽장문은 뜻밖의 일로 인해 활짝 열리고 말았다. 낯선 목소리가 타이밍을 완벽하게 맞춰 나를 대신해 나에 관해 말했다.

나는 어머니의 얼굴을 보고 싶지 않았다. 내가 누군가의 딸의 여자 친구라고 말한 것이 어머니의 얼굴을 흑색으로 변하게 했으리라는 생각이 들었다. 필시 심한 배신감을 느낄 것이 분명했다. 어머니는 나의 결혼식 맨 앞줄에 앉아서 나와 한 남자가 영원히 기억에 남을 제단 앞에 서 있는 모습을 상상했을 것이다. 그리고 아이는? 아이를 갖는 문제는 또 어땠을까? 어머니는 내 배가 불러오지 않는 것을 보고 슬퍼할 것이고, 내 여자 친구가 나와 자신을 위해 다른 데서 임신을 해 온다면 그녀가 우울해할 것이 확실했다. 자기 딸이 아버지처럼 행세하는 꼴을 본다면 정상적인 삶의 꿈이 산산조각날 수밖에 없을 것이다. 나는 그런 실망스러운 표정을 보고 싶지도 않았고, 그런 감정을 표현한 말을 듣고 싶지도 않았다. 그러나 어쩔 수가 없었다. 나는 어머니가 무겁게 한숨을 내쉬며 "너를 사랑한다. 이 문제는 나중에 다시 말하기로 하자."라고 말하는 소리를 들어야만 했다.

나는 다시 말하고 싶지 않았다. 결국은 말 때문에 이 모든 사단이 벌어진 것이니까.

"커밍아웃"한 것이 생각보다 더 편안하게 느껴졌다. 벽장은 옷을 두는 곳이지 사람이 살 곳이 아니었다. 밖으로 나오니 공공연히 내 여자 친구의 허리를 손으로 감싸 안은 채로 더 크게 숨을 쉴 수 있었다. 방안의 전등불처럼 모두의 이목이 집중되었지만 어느 정도 시간이 지나자 하나의 전통처럼 되었다. 어머니들, 아버지들, 어린아이들, 노인들, 이성애자들, 가게 점원들, 경찰관들, 버스 승객들, 길을 걷는 사람들 모두가 우리를 쳐다보았다. 우리를 바라보는 사람들의 혈통 속에는 경건한 삶을 중시하고 지옥의 존재를 믿는 남부 문화의 영향권에서 그리 멀리 벗어나지 않은 세인트루이스의 종교적 전통이 깃들어 있었기 때문에, 자신들이 우리를 보면서 이맛살을 찌푸리면 우리가 성경에 눈을 돌릴는지도 모른다고 생각했을 것이 분명했다. 만일 그런 것이 아니라면 그들이 우리를 그렇게 쳐다본 이유는 눈길이 저절로 우리에게로 향했기 때문일 것이다. 아마도 그들은 "두 여자가 사랑을 하다니 정말 이상하군."이라고 생각했을지도 모른다.

동네에 따라서는 우리를 보고 크게 미소를 짓는 사람들을 마주칠 때도 있었다. 그들의 미소는 여름철의 "프라이드 퍼레이드"(성소수자의 자긍심을 드러내고, 권리를 인정받기 위한 행진—역자주)를 지켜보기 위해 늘어선 사람들의 얼굴에서 볼 수 있던 미소와 똑같았다. 그들의 미소를 보면 기분이 좋았다. 양볼이 양쪽 귓볼이 있는 곳까지 찢어질 듯 치켜 올라간 미소를 보면 우리를 기꺼이 인정하고 사랑해주는 포용성을 느낄 수 있었다. 그들이 우리를 쳐다보는 눈빛은 낯선 사람들이 두 마리의 원앙이 날개로 서로를 감싸 안고 있는 모습을 바라보는 눈빛과 흡사했다. 그들이 쳐다본 이유는 그 사랑을 단죄하지 않고, 오히려 거기에 동참하기 위해서였다. 내가 성경에 대해 알고 있는 것과는 달리, 그들은 모든 것을 잊어버린 듯 동성애에 관한 성경의 가르침을 그다지 중요하게 생각하지 않는 것 같았다. 그들의 환한 웃음은 나의 양심을 몹시 혼란스럽게 만들었다. 왜냐하면 "어떻게 하나님이 상당수의 이성애자와 동성애자를 미소 짓게 만드는 일을 싫어하실 수가 있지?"라는 생각이 들었기 때문이다. 하나님이 나의 삶을 보시고 크게 웃고 계신다고 믿고 싶었지만 내가 아는 한 그분이 그렇게 하지 않으신다는 것은 분명한 사실이었다.

나의 양심은 온종일 나를 향해 말했다. 아침에도 하나님을 생각나게 했고, 시계가 정오를 알리기 몇 분 전에도 그분을 떠올리게 했다. 밤중에는 양심의 소리가 가장 크게 들렸다. 어둠이 짙어진 밤에 잠을 자려고 베개를 베고 편안하게 누우면 다시금 하나님이 생각났다. 성경에 관심이 끌려 꺼내 읽으면 하나님과 나에 관한 진실이 생각났다. 그 진실은 설혹 땅이 움직인다고 해도 내가 결코 흔들 수 없는 것이었다. 나는 그분의 원수였다(약 4:4). 하나님이 밤중 내내 깨어 계시는데 어떻게 그분의 원수인 내가 달콤한 꿈을 꿀 수 있겠는가?

나는 생각을 다른 곳으로 돌려 사랑을 떠올리며 하나님이 얼마나 사랑이신지를 생각했다. 마치 하나님이 나의 양심을 이용해 내게 말씀하시는 것처럼 들리자 나는 예수님을 기억했다. 나는 죄인들을 향해 오라고 손짓하시는 그분의 손을 생각했다. 그분이 조금도 망설임 없이 양손을 계속해서 앞뒤로 흔들면서 "오라. 어서 오너라. 나 외에 다른 어느 곳에서 너희가 생명을 얻을 수 있겠느냐? 모든 죄인아, 이리로 오라. 어서 오너라."라고 말씀하고 계셨다. 이런 소리 가운데 잠을 청하려고 하니 미칠 지경이었다.

케이샤는 나의 사촌이자 그리스도인이었다. 나의 전화기에 등록된 그리스도인들은 몇 명 되지 않았고, 내가 전화를 걸었을 때 레위기에 근거해 일방적으로 설교를 하듯 대화를 마치지 않을 사람은 찾아보기가 더욱 어려웠다. 하나님은 계속해서 나의 양심을 자극하셨다. 케이샤는 하나님을 잘 알고 있었기 때문에 그녀가 나의 문제를 해결하는 데 도움을 줄 수 있을 것 같다는 생각이 들었다. 하나님은 내가 동성애자라는 사실을 알고 계셨고, 그 점은 케이샤도 마찬가지였다. 나는 "하나님이 내게 왜 이렇게 많은 말씀을 하시는 것일까? 어떻게 하면 그분을 잠잠하시게 할 수 있을까?"라는 생각으로 케이샤에게 전화를 걸었다.

"케이샤 언니…하나님이 나를 부르고 계시는 것처럼 느껴져."

"그래? 말해봐. 왜 그런 생각이 드는데?" 그녀가 말할 때 고개를 끄덕이고 있는 듯한 느낌이 들었다.

"왜냐하면…글쎄 잘 모르겠지만 그냥 그렇게 느껴져. 내가 무엇을 하든지 하나님이 나의 관심을 촉구하고 계시는 것을 알 수 있어. 심지어는 정신이 말짱할 때도 나는 뭔가가 크게 잘못된 것을 느낄 수 있어."

"응, 그렇구나."

"그런데 사실 나는 하나님을 원하지 않아. 진심이야."

그녀는 내가 태어날 때부터 나를 알았고, 나이도 나보다 열 살 이상 더 많았다. 그녀는 숨을 깊게 들이쉬었다. 그 동작에는 "하나님, 나를 사용하소서."라는 의미가 담겨 있는 듯했다. "나는 너를 위해 늘 기도해 왔단다. 네가 내게 동성애자라고 말했을 때 내 자신을 책망했었어. '하나님, 제가 그녀의 삶에 좀 더 관심을 기울였어야 했나요?'라고 말하며 내가 잘못한 일이 있었을 것이 분명하

다고 생각했었지. 그러나 하나님은 내게 그냥 묵묵히 기도하라고
만 말씀하셨단다."

나는 그녀의 솔직한 생각을 방해하고 싶지 않아서 아무 말도
하지 않았다. "그리고 하나님은 아무것도 염려하지 말고 너를 자
기에게 맡기라고 말씀하시더구나. 그러나 나는 하나님께 너를 너
무나도 사랑하는데 이 문제를 도무지 해결할 방법을 모르겠다
고 말씀드렸단다. 그러자 하나님이 내게 뭐라고 말씀하셨는지 아
니?" 그녀는 마치 내게 농담을 건네고 있는 것처럼 약간 웃더니
"하나님은 내게 말씀하시길 '나는 그 아이를 네가 사랑하는 것보
다 더 많이 사랑한단다.'라고 말씀하시더구나. 그 뒤로 나는 죽 기
도만 해오고 있단다."라고 말했다. 그녀는 내가 모르는 것을 알고
있다는 듯 다시 웃었다. "재키야, 난 너를 걱정하지 않아. 왜냐하
면 하나님의 손이 네게 역사하고 있고, 네가 그분을 얼마나 필요
로 하는지를 보여주기 위해 그분이 해야 할 일을 스스로 하실 것
이기 때문이야."

기도로 대화가 끝나고 수화기를 내려놓았지만 그녀에게 전화
를 걸기 전보다 훨씬 더 혼란스러웠다. '하나님이 내가 그분을 얼
마나 필요로 하는지를 보여주실 것이라고? 케이샤가 나를 사랑하
는 것보다 그분이 나를 더 사랑하신다고? 그것이 무슨 뜻일까?'라
는 생각이 들었다. 이해할 수 있는 한 가지 사실은 누군가가 나를

위해 하나님께 기도해 왔고, 그것이 그분이 나를 내버려 두지 않으시는 이유라는 것이었다. 나에 관해 하나님께 무엇을 구했든지 간에 그것이 죄로 가득한 나의 작은 세상을 빙빙 돌아가게 만들었다. 요즘에는 그런 삶을 사는 것이 몹시 어지러웠다. 똑바로 서려고 애쓰면 현기증이 나서 내가 사랑하는 모든 것, 특히 나 자신과 나의 여자 친구가 흐릿해졌다. 하나님이 큰 목소리로 "오라"고 하시는 것 외에는 모든 것이 불분명했다.

하나님을 멀리 밀쳐내기 위해 전보다 담배를 더 자주 피웠다. 두꺼운 연기가 춤을 추듯 내 육체를 가득 채웠고, 양심의 갈등과 진리와 성경은 물론, 피가 흐르는 손을 내밀어 자기 옆에서 죽어가는 죄인과 다른 모든 죄인을 부르시는 그리스도를 차단했다. 그분의 손이 내 손을 잡아 의지의 항복을 알리듯 하늘로 높이 쳐들게 하지 않는 이상, 나는 그분을 끝까지 저항할 수밖에 없었다.

———————

"네 아버지의 일은 정말 유감이다." 나보다 먼저 사실을 알게 된 한 친구가 보낸 짧고, 분명한 문자 메시지였다. 나는 그때까지도 그녀가 보낸 애도의 말이 무슨 뜻인지 알지 못했다. 나는 휴대전화의 화면에서 그 말을 읽으면서 그 의미를 다르게 이해하려고 노력했다. 나는 차분한 마음으로 "무슨 말이니?"라고 물었다. 정말로 몰라서 묻는 말이었다. "유감"이라는 말은 여러 가지 일에 적용될 수 있다. 아버지와 나와의 관계가 소원하다는 사실을 알고 유감을 나타냈을 수도 있고, 지난번에 아버지와 대화를 나눌 때 내가 자기를 한 번도 "아빠"라고 부르지 않은 사실을 알아차리고 있다고 아버지가 내게 말해준 일 때문일 수도 있다. 사실, 나는 아버지에 대해 어떤 호칭도 사용하지 않았다. 그가 그동안 내게 해준 일을 묘사하는 데는 애정이 담긴 표현이 어울리지 않았다. 나는 아빠나 아버지와 같은 솔직하지 못한 단어들은 생략하고, 내가 지금 누구에게 말하고 있는지를 그에게 분명하게 주지시키기 위해 눈을 똑바로 바라보며 해야 할 말만 곧장 꺼냈다. 그녀는 과연 무엇이 유감스럽다는 것일까? 아버지가 고작 15분 걸리는 곳에 떨어져 살면서도 나의 졸업식에 참석하지 않은 것을 말하는 것일까, 아니면 내가 열여덟 번째 생일날 불 꺼진 촛불의 연기 사이로 그가 미소를 짓는 모습만을 기억하고 있다는 것을 가리키는 것일까? 그의 일그러진 미소와 끊어진 눈썹과 냉정한 목소리를 보고 듣지 않은 지 일 년이 지났다. 나는 그의 그런 특징들을 의식적으로 거부했다. 그러나 그녀는 지난해는 물론, 그 전의 일에 대해서도 아무것도 알지 못했다. 그녀가 아는 것이라곤 단지 내가 믿고 싶어 하지 않았던 사실 하나뿐이었다. 그것은 아버지가 영원히 세상을 떠났다는 사실이었다.

그 소식은 큰 충격이었다. 내 마음속에는 아버지가 가끔만 아니라 항상 나를 사랑해줄 날이 오기를 바라는 희망이 있었다. 나는 내 방에 들어가서 침대에 드러누웠다. 눈물이 베개 위로 흘러내렸다. 아버지의 부재가 전혀 익숙하지 않았던 것처럼 느껴졌다. 앞으로 그의 영원한 부재에 어떻게 익숙해져야 할지 마음을 가누기가 어려웠다. 한 번에 몇 년씩 얼굴을 보지 않더라도 이따금 전화가 왔고 대화가 재개되었기 때문에, 내가 알지는 못해도 그가 어디에선가 숨을 쉬고 있다고 생각하면 내가 매일 느끼는 강렬한 슬픔이 가라앉곤 했었다.

그러나 아버지가 일단 영원히 사라지자 그를 자주 못 봤기 때문인지 그리운 마음이 더는 생기지 않았다. 주위에 없었던 누군가를 그리워하려면 훨씬 더 많은 노력이 필요한 것이 분명했다. 그러나 희망이 사라진 것에 대한 슬픔은 여전히 계속되었다. 그를 "아빠"라고 부를 수 있는 기회가 영원히 사라졌다. 장례식이 끝나자 이전과 똑같은 삶이 재개되었다. 장례식장에서 나는 나보다 아버지를 더 잘 아는 사람들에게 낯선 외인에 불과하였다. 사람들은 우리의 눈이 똑같이 생겼는데도 "제프와 관계가 있는 것 같은데 누구요?"라고 물었다. 나는 고인을 기려야 할 것을 찾아야 할 필요가 있는 그들에게 사실을 말해주기 위해 마치 그가 살아 돌아온 듯 똑같이 생긴 얼굴로 어설프게 미소를 지으며 "딸입니다."라고 대답했다. 장례를 치르고 어느 정도 시간이 흘러 평정을 되찾자 이상하게도 예기치 않은 어려움이 나의 삶에 찾아왔다. 그 가운데 일부는 내가 스스로 초래한 것이었다. 아버지를 잃고 난 뒤로 내가 믿기 어려울 정도로 무례하게 행동한 탓에 어머니와의 관계가 소원해졌다. 나에게 그녀는 명목상으로만 어머니였을 뿐, 없애버려야 할 또 하나의 권위에 지나지 않았다. 집안의 분위기가 더 힘들어지자 그곳에서 보내는 시간이 차츰 줄어들었다. 나는 마리화나를 사는 데 더 많은 돈을 허비했고, 친구들이 옷을 훔치는 일을 도와주다가 몇 시간 동안 유치장에 갇히기도 했다. 한 달 전에 산 내 차가 여자 친구의 집에서 한 블록 떨어진 곳에서 견인되고 난 바로 다음 날 밤, 나는 한 친구와 함께 그녀의 현관에 서 있었다. 엽궐련을 주고받으며 피우는 동안, 케이샤의 "격려"의 말이 생생하게 되살아나자 나는 머리를 절레절레 흔들면서 말했다. "하나님이 나의 관심을 사로잡기 위해 내 삶을 더 어렵게 만들고 계시는 것이 아닐까?" 나는 말을 하면서 중간중간 담배 연기를 내뿜으며 하나님이 듣고 마음을 누그러뜨리시길 바라면서 크게 소리를 내어 덧붙였다. "하나님이 저를 그렇게나 많이 원하시나요?"

은혜로우신 하나님은 그렇게 하셨다.

8장

• • •

2008년

텔레비전이 켜져 있었다. 정신이 말짱한 것은 달갑지 않은 일이었다. 전날 밤, 나와 여자 친구는 방에 드러누워 내가 일주일 동안 피려고 사둔 마리화나를 몽땅 해치웠다. 충동에 이끌려 모두 피워버린 까닭에 오늘 밤은 연기에서 해방되었고, 정신도 맑았다. 나는 침대에 누워 몸의 오른편을 매트리스의 따뜻한 쪽에 파묻은 채로 왼손으로는 휴대전화를 붙잡고, 오른손으로는 베개의 깃을 감싸 안았다. 텔레비전 광고를 보는 사이사이에 여러 가지 잡다한 생각이 떠올랐다.

"내가 내일 몇 시에 일하러 가야 하지?"
"여자 친구에게 전화해서 태워 달라고 해야겠군."

"그녀의 어머니는 잘 지내고 계실까?"

"엄마는 내가 몽롱한 상태로 집에 찾아간 것 때문에 아직도 화가 나 있으실지 몰라."

"리모트컨트롤이 어디 있지? 다른 채널에서 무슨 프로그램이 방송되고 있나 봐야겠어."

"그녀는 너의 죽음을 초래할거야."

그 순간, 나는 유령을 보았거나 누가 내 등을 만지는 느낌이라도 든 것처럼 재빠르게 일어나 앉았다. 그 생각은 귀에 들리지는 않았지만 모든 것을 방해할 만큼 컸다. 내 안에서 오간 다른 모든 대화가 일제히 사라지고, 마음이 돌덩이처럼 무거워졌다. 어디에서 그런 말이 들려왔는지 알기 어려웠다. 그 말의 출처를 도통 가늠할 수가 없었다.

"마귀였나?"

"아니, 마귀였다고 확신하기는 어려워."

"아마도 그것은 그저 내 자신이었는지도 몰라."

"그저 내 자신이었을 리는 없어."

"하지만 내 안에서 들렸으니까 그것은 나였어야 해."

"그러나 나는 그런 생각을 하지 않았어. 그것은 그냥 떠올랐어."

"어쩌면 그것은 하나님이셨는지도 몰라."

나는 오직 하나님만이 그런 말을 하실 수 있다고 생각했다. 그분은 깜빡이는 적색등처럼 내게 경고하신 것이다. 그것은 죽음에 대한 경고였다. 내가 사랑하는 사람 때문에 아마도 곧 다가올 죽음! 분명히 나는 한 여자를 죽음에 이르도록 사랑했다. "나보고 선택하라고, 죽음 대신 생명을 주는 것을 선택하라고 하나님이 그렇게 경고하고 계시는 걸까? 하나님이 곧 생명이신데, 적어도 전에 설교자는 그렇게 말했었는데, 그렇다면 그분은 내가 자기를 선택하기를 원하시는 걸까? 그분을 선택한다는 것은 곧 그녀를 떠나야 한다는 걸 의미해. 그것은 공정한 거래가 아닌 것 같아. 내 생각에 하나님을 선택하는 것은 곧 이성애를 선택하는 것이야. 그것은 지키지 않으면 안 될 거룩한 명령이야. 내가 생각할 때 그것은 알코올 중독자가 거듭나서 술을 끊고 맑은 정신으로 사는 것과 같은데 누가 과연 그렇게 살기를 바랄까? 나보고 하나님의 이름으로 한 남자를 만나라구?"라는 생각들이 떠올랐다.

그러나 당시에는 몰랐지만 지금은 안다. 하나님은 이성애자가 되라고 나를 부르시는 것이 아니었다. 하나님은 나를 하나님에게로 부르시는 거였다. 죄를 버리고, 거룩함을 추구하는 것이 이성애와 똑같은 의미는 아니었다. 내가 만난 몇몇 그리스도인들의 말을 통해 내가 하나님에 관해 이해했던 바에 따르면 그분을 선택하는 것은 곧 남자들을 선택하는 것을 의미했다. 남자들을 좋아하면 하나님의 도우심이 없이도 동성애를 포기할 수 있었고, 그렇게 하면 그분을 크게 기쁘시게 할 것 같았다. 하나님이 나를 제자로 보기 전에 먼저 한 남자의 아내로 보시는 것처럼 생각되었다. 그러나 하나님은 내게 남자를 보내 나의 동성애를 "치료"하려고 하는 라스베이거스의 교목이나 조급한 어머니가 아니다. 그분은 하나님이셨다. 하나님은 나의 온 마음을 원하시며 그것을 변화시켜 새롭게 만드시는 일에 열심을 내시는 분이다. 그분은 나의 마음이 그분을 닮게 하는 데 열성적인 분이다. 하나님이 거룩하신 것처럼 내가 거룩하게 되는 것 안에서 여성을 좋아하지 않는 여성으로 기적적으로 변하지는 않을 것이며, 하나님을 다른 무엇보다 사랑하는 여성으로 변할 것이었다. 결혼이 찾아오든[3] 독신이 나를 부르든, 하나님은 그분의 능한 손의 역사로 그분을 위해 사는 삶을 살도록 보장해 주시길 원하셨다. (놀랍게도 나는 몇 년 뒤에 결혼했다. 그러나 하나님은 사랑할 남자를 찾게 하기 위해서 또는 나의 동성 간 끌림^{same-sex attractions}이 현실이 아닌 것처럼 살게 하려고 나를

---

3. 이 점에 대해 좀 더 자세히 알고 싶으면 17장 "동성 간 끌림과 이성애의 복음"을 참조하라.

부르지 않으셨다. 그분이 나를 부르신 목적은 마음과 생각과 뜻을 다해 그분을 사랑하게 하기 위해서였다 [마 22:36, 37].)

죽음에 대한 생각이 너무나도 현실적으로 다가왔기 때문에 즉시 마음이 크게 흔들리기 시작했다. 마치 하나님이 나의 세계에 단번에 뛰어들어오신 것 같았다. 모든 것이 산산이 부서져 파편들이 튀어 올랐다가 우박처럼 쏟아져 내리는 듯했다. 내 양심은 진리를 증언했고, 나는 더 이상 그 소리를 거부할 수 없었다. 그런 노력은 시간 낭비일 뿐이었다. 내가 나의 것으로 알고 있던 시간이 나의 것이 아니었다. 죽음은 나의 살갗보다 내게 더 가까이 있었다. 짧은 테너 리프 tenor riff 사이에 설교자가 회중에게 죄의 삯은 사망이라고 말했었다. 이것이 기억나자 "나는 이미 오랫동안 죽어 있었지 않았는가?"라는 생각이 떠올랐다.

나는 나의 전 생애를 죄만 짓고 살았다. 나는 살아 있는 것이 아니었다. 단지 숨만 쉬고 있었을 뿐이다. 하나님은 내가 호흡마저 끊기기 전에 믿음을 갖기를 원하셨다. 나는 하나님이 여자 친구와의 관계를 정리하기를 요구하신다는 것을 알았다. 그러나 내 머릿속에 떠오른 것은 단지 그녀만이 아니었다.[4] 내가 사랑하는 것 가운데 나를 죽음에 이르게 만드는 것이 또 무엇이 있을지 궁

---

4. 동성애 관계에 대한 성경적 견해에 대해 좀 더 자세히 알고 싶으면 다음의 자료를 참조하라. *What Does the Bible Really Teach about Homosexuality?* by Kevin DeYoung

금했다. 내가 사랑했던 것 가운데 나를 죽이는 것들이 더 있을 것이 분명했다. 곰곰이 생각하니 여러 가지 죄가 떠올랐다. 우리가 이미 사형 선고를 받은 상태라는 것을 알면 우리의 죄를 기억해 내는 것은 그리 어렵지 않다. 병이 깨져 그 안에 들어 있던 색종이 조각들이 천정에서 휘날려 떨어지는 것처럼 교만, 정욕, 포르노, 거짓말, 권위를 존중하지 않는 것, 동성애 등이 바닥에 쏟아져 내렸다(모두 다 분명한 죄였다). 그런 죄들이 화려한 옷과 반짝이는 구두로 겉을 치장했었다. 죄목은 제각기 달랐지만 근원은 같았다. 모두 다 한 뿌리에서 나와서 여러 갈래의 가지를 뻗어 각양각색의 죄의 열매를 맺었다.

불신앙 : 이 죄가 근원이었고, 이 죄로 인해 나는 죄인으로 정죄되었다.

나는 텔레비전 채널을 바꾸지 않았다. 방이 이제 너무나도 비현실적이 되어서 꿈인지 생시인지 모르게 되었는데도 텔레비전은 보는 사람이 아무도 없는 가운데 여전히 소음을 내고 있었다. 당시의 순간을 무엇이라고 불러야 할지 모르겠다. 나에게 있어 하나님께 항복하는 것이 이런 식으로 설명된 적이 없었다. 근처에는 회중석도 없었고, 나를 자리에서 일어서게 할 감정적인 음악도 없었다. 무선 마이크에 입을 대고 왼손으로 죄인을 가리키며 "오라!"고 외치는 설교자도 없었고, 내 죄를 올려놓을 제단 앞으로 걸어나갈 복도도 없었다. 어쨌든 나의 셀 수 없이 많은 죄는 평범한 제단만으로는 그 위에 올려놓을 자리가 부족했을 것이다. 그런데 나와 내 방과 하나님, 그것이 전부였다.

불과 24시간 전에 나와 나의 여자 친구는 우리의 마음이 간직된 곳에 우리의 짐을 내려놓았다. 그곳은 내가 아는 최고의 안전한 성전이었다. 그녀의 양쪽 눈은 햇빛이 스며들어오는 스테인드글라스였다. 그녀는 나의 날을 환하게 밝혀주었다.

그녀는 하나님이 금지하신 응답된 기도였다. 나는 그녀를 사랑했지만 하나님이 보시기에 우리의 사랑은 죽음과 조금도 다르지 않았다. 하나님은 왜 이런 사랑을 하지 못하게 하시는가? 하나님은 사랑이 아니신가? 나는 또 생각했다. 하나님은 누구보다도 그것을 잘 이해하셔야 하지 않은가? 하나님의 피조물들은 사랑 안에 있을 때마다 그분을 좀 더 많이 닮게 되는 것이 아닌가?

한편 하나님이 사랑이시라면 곧 그분이 조금의 구김도 없는 사랑의 화신이시고, 마귀가 방해할 수 없는 완벽한 사랑이시라면, 그 사랑에 비하면 다른 사랑들은 기껏해야 더 작은 사랑에 지나지 않을 것이다. 그런 하나님이 어떻게 내가 그런 열등한 형태의 "사랑들"을 진짜라고 믿으며 남은 생애를 살아가기를 바라실 수 있겠는가?

꼭대기까지 사랑으로 가득 찬 사랑의 하나님이 아마도 쏟아붓는 사랑으로 나를 대하고 계셨다. 아마도 하나님은 그 사랑, 자격 없는 자를 향한 사랑과 은혜로 내 눈을 여셔서, 내가 그분보다 사랑했던 사람이나 장소나 물건이 나를 영원히 사랑해줄 거라는 약속을 지킬 수 없다는 사실을 볼 수 있도록 도와주셨다. 나의 마음은 그런 것들을 붙잡기 위해 창조되지 않았다. 그것들은 죄가 하는 일, 곧 하나님에게서 나를 떼어내 참된 사랑에 영원히 다가가지 못하게 만들 것이다. 그것은 나의 죽음이 될 것이다.

나의 성적 취향sexuality이 나를 지배하도록 놔두는 것은 사형 선고나 다름없었다. 물론 다른 모든 죄도 마찬가지였다. 오늘 밤 이전에도 나는 나를 스스로 의롭다고 일컫지 않았다. 긴 치마를 입고 얼굴을 똑바로 쳐든 채로 마치 날 때부터 구원받고 성화되고 성령으로 충만한 것처럼 돌아다니는, 교회 안에서 흔히 볼 수 있는 그런 무리들이나 자신을 스스로 의롭게 여길지 몰라도 나는 그럴 수가 없었다. 그들은 옷은 깨끗할지 몰라도 그들의 죄의 누더기가 더럽다는 사실을 잊은 사람들이었다. 그들은 선행과 단정한 옷차림이 하나님 앞에서 공로가 될 수 없다는 사실을 망각했다. 하늘은 예수님이 인도해 들이시는 사람들을 위해서만 문을 열지만, 그들은 자신을 스스로 초청하고 그것을 의라고 일컫는 그런 유형의 사람들이었다.

그러나 나도 모르는 사이에 나 역시 그와 똑같은 누룩에 오염되어 있었다. 동성애를 포기하고 이성애를 택할 수만 있다면, 하나님이 나를 받아주시고 나를 자신의 소유로 일컬으실 것이라고 생각했다. 심판을 받아야 할 것은 내 삶의 한쪽 측면뿐이고, 나머지 측면은 모두 천국에 들어갈 자격을 갖추었다는 생각이 그 바탕에 깔려 있었던 것인데 그것은 큰 착각이었다. 나는 나의 다른 죄들은 동성애만큼 "나쁘지 않다"고 생각했다. 그런 죄들은 회개해야 할 죄가 아니라 처리해야 할 어려움이라고 믿었다.

많은 동성 간 끌림을 겪는 사람들이 구원을 받지 못하는 이유가 이런 식으로 스스로를 의롭게 여기는 생각 때문일 수 있다. 그들이 이 문제와 관련해 하나님의 도우심을 구하는 말을 들어보면 그렇게 생각할 만한 근거가 있다. 그들은 그분께 자기를 이성애자로 만들어 달라고 기도하지만 하나님이 자기들에게 그런 기적을 베푸시지 않는다고 말한다. 하나님이 자신들의 동성애 욕구를 제어해 그것을 이성애 욕구로 바꿔주시지 않기 때문에 스스로의 감정이 이끄는 대로 따를 수밖에 달리 도리가 없다고 말한다. 단지 자신의 일부만 구원이 필요하다고 믿으면서 하나님 앞에 나오려고 한 것이 그들의 오류이다. 그들은 자신의 나머지 부분들도 올바르게 되어야 할 필요가 있음을 인정하지 않는다. 그것은 하나님이 마음을 전부 차지하실 권리가 없는 것처럼, 또는 그분께 드리지 않는 부분은 그분이 없어도 충분히 만족스러운 듯이, 마음의 일부만을 하나님께 드리면서 하나님 앞에 나가는 것과 다름없다.

성령께 온전히 이끌려 나의 마음을 철저하게 살펴보았더니 전에 알지 못했던 사실, 곧 단지 동성애만이 아니라 모든 죄로부터 자유롭게 되는 것이 필요하다는 사실을 깨닫게 되었다. 나는 전인적인 차원에서 하나님이 필요했다. 그러나 그럼에도 불구하고 나는 하나님을 그렇게 잘 알지 못했다. 다시 말해 나의 마음을 하나님 앞에 솔직히 드러내고, 그 안에 있는 모든 형태의 사랑과 자기만족을 비우면 그분이 나의 마음을 다시 충만하게 채워줄 만큼 크신 분인지 알지 못했다. 이제는 그분이 나의 마음을 자기 자신으로 채워주실 만큼 크시다는 사실을 안다. 하나님은 질투하시는 하나님이시기 때문에 반드시 그렇게 하실 것이었다. 그러나 과연 하나님만으로 충분할까? 그분이 우상으로 일컫는 것들이 그동안 나에게 많은 기쁨을 주어 왔는데 정말로 그분 안에서 더 나은 기쁨을 발견할 수 있을까? 그분이 단지 기쁨을 주는 데 그치시지 않고, 스스로 직접 나의 기쁨이 되실 수 있을까?

나는 침대에 아직 그대로 누워 있었다. 뭔가 거룩한 일이 일어나고 있었다. 빛을 만들어 어둠을 비추게 하신 하나님이 내 안에서 역사하고 계셨다. 그것은 내가 나면서부터 원해서 머물러 있던 나의 영적인 소경됨을 깨고 들어와 이를 극복하는 사역이었다. 예수님이 이제 이해되기 시작했다. 그분이 하나님이시라는 사실을 알게 되었다.

주일학교 교사들이 내게 가르친 대로 예수님은 물 위를 걸으셨고, 흙으로 사람을 만드셨으며, 진흙을 사용해 소경의 눈을 뜨게 해주셨다. 천사들이 그분을 경배했다. 사탄은 그분을 이길 수 없었다. 그분은 항상 살아 계신다. 그분이 온전한 자신이 되기 위해 다른 존재를 필요로 하시는 경우는 영원히 단 한 번도 있을 수 없다. 하늘에서나 땅에서나 그분과 비교할 만한 존재는 없다. 모든 선한 것이 그분에게서 비롯했다.

예수님은 선하고, 거룩하고, 자비롭고, 지혜롭고, 완전하고, 사랑이 충만하고, 불가해하고, 놀랍고, 위대하고, 아름답고, 웅대하고, 엄청나게 경이로운 삼위일체 하나님이시거늘 어떻게 내가 나와 같이 물질로 창조된 피조물들을 영광스럽게 여길 수 있단 말인가? 그리스도 안에서 하나님이 만민 중에서 나를 위해 하늘로부터 오셨는데 내가 어떻게 흙에서 와서 흙으로 돌아갈 창조된 것을 위해 살 수 있단 말인가?

누가 자비에게 내가 있는 곳을 알려 주었을까? 누가 그것에게 내 방에 들어오는 법을 가르쳐 주었을까? 혹시나 그 안에 큰 죄인이 살고 있다는 것을 알지 못한 것은 아닐까? 복도 바로 아래에서 풍기는 우상의 냄새 때문에 가까이 다가오기가 어렵지는 않았을까? 그런 생각이 드는 순간, 갑자기 내가 기억하고 있던 성경 구절이 하나 떠올랐다. "하나님이 세상을 이처럼 사랑하사 독생자를 주셨으니 이는 그를 믿는 자마다 멸망하지 않고 영생을 얻게 하려 하심이라"(요 3:16).

나를 정죄했던 성경 구절 안에 나를 구원할 수 있는 약속이 간직되어 있었다. 나는 그 약속을 믿기만 하면 되었다. 그것은 하나님에 관한 약속이었다. 예수님은 양팔을 쭉 벌린 채로 십자가에 높이 매달린 상태에서 죄인들을 생각하셨다. 그분은 십자가에서 나를 대신해 나의 죄를 위해 죽으셨다. 그분은 벌거벗은 몸으로 얼굴에 기쁜 빛을 띠고 하나님의 진노 아래 죽임당한 어린 양이 되셨다. 예수님은 그 진노가 내게 임해야 하는 것이라는 사실을 알지 못하셨을까? 진노 위에는 심지어 내 이름이 새겨져 있었다. 그분은 아셨다. 그분의 공의는 그분이 잊는 것을 허용하지 않을 것이다. 그러나 그분은 내가 그분의 사랑을 알고, 기억하기를 원하셨다. 나는 그렇게 하였다.

"주님이 제게 하라고 요구하시는 일을 제 힘으로는 할 수 없습니다. 그러나 저는 이제 주님이 저를 도와주실 것을 알 정도로 주님에 대해 알고 있습니다." 나는 나의 새로운 친구이신 하나님께 그렇게 기도했다. 나의 무능함을 고백한 것이 그분을 기쁘시게 하고, 내가 그동안 탐닉해 온 죄에 대해 등을 돌리는 것이 회개였다는 것을 알지 못했다. 또한 하나님은 내게 있어 아무도 그렇게 될 수 없었던 각별한 존재가 될 수 있다고 믿기로 결심한 것이 신앙이었다는 것도 그때는 미처 인식하지 못했다. 그러나 그것이 곧 회개이고, 신앙이었다. 선하신 하나님은 나의 허락을 구하지 않고 나를 구원하기 위해 찾아오셨다.

2부
새로워진 나

9장

• • •

2008년

다음 날 나는 새로운 피조물이 된 상태로 일터에 도착했다. 나의 영혼은 많이 달라졌지만 나의 옷은 그대로였다. 단추가 달린 특대 크기의 근무복과 헐렁한 셔츠가 더 이상 정상으로 느껴지지 않았다. 나의 가장 친한 친구이자 동료 직원이었던 마이크가 나를 보고 말했다. "오늘 좀 달라 보이네." 나는 사각팬티가 여전히 드러나 있고, 가장 작은 크기의 스포츠 브래지어가 내 가슴을 납작하게 감싸고 있다는 사실을 생각하면서 "그게 무슨 말이야?"라고 말했다. "잘 모르겠지만 네 표정이 더 밝아진 것 같아." 그는 수건이 벗겨졌다는 것을 감지했지만 그것을 어떻게 표현해야 할지는 몰랐다(고후 3:16 참조).

하나님을 만나고 나서 세상에 다시 돌아오니 이상한 느낌이 들었다. 불과 이틀 전만 해도 나는 점심시간에 여자들과 시시덕거리 곤 했다. 그러나 이제는 하나님이 지켜보고 계신다는 것을 의식했 다. 전에도 하나님은 나를 지켜보고 계셨지만 그때와 차이가 있다 면 내가 그 사실을 의식하고 있다는 점이었다.

직장인들이 점심시간에 한바탕 몰려와서 점심을 먹고 제각기 자신의 사무실로 돌아간 후 얼마 지나지 않아 나는 지시에 따라 음식을 준비하는 자리에서 계산대를 지키는 자리로 이동했다. 계 산대에서 일하면 사람들을 더 가깝고, 친밀하게 대할 수 있었다. 나처럼 내성적인 성격의 소유자에게는 결코 달갑지 않은 자리였 다. 내 인내의 한계를 넘어설 정도로 많은 질문을 하는 고객과 잠 시 대화를 나누고 있는데 한 여성이 줄에 서 있는 모습이 눈에 띄 었다. 아름답게 생긴 여성이었다. 다른 날 같았으면 그녀가 눈치 를 챌 때까지 오랫동안 그녀를 바라봤을 것이다. 설혹 그녀가 동 성애자가 아닐지라도 나를 원하게 만들 자신이 있었다. 만일 그녀 가 미소를 띤 채 나를 쳐다본다면 말 한마디 하지 않더라도 그녀 의 속마음을 충분히 알아차릴 수 있었다. 그러나 오늘은 그녀를 쳐다볼 수가 없었다. 물론 쳐다보려면 얼마든지 그렇게 할 수 있 었다. 구원을 받았다고 해서 나의 눈이 제 기능을 잃은 것도 아니 었고, 그녀의 미모가 신경이 쓰이지 않는 것도 아니었으니 말이 다. 마음만 먹으면 아무 문제없이 항상 했던 대로 내 몸이 나를 지배하게 할 수 있었다. 그러나 그 안에는 다른 주인, 곧 빈 무덤의 주인공인 부활하신 구원자께서 좌정하여 계셨다.

예수님이 십자가에 못 박혀 죽으신 후 그분의 시신은 아직 살아 있는 한 부자의 무덤에 안치되었다. 누가 보아도 예수님의 시신은 그곳에 영원히 죽은 상태로 놓여 있거나 썩어 흙으로 변할 것이 분명해 보였다. 그러나 하나님은 자신이 하겠다고 예고하신 일을 그대로 행동에 옮기셨다. 그분은 예수님을 부활시키셨다. 예수님의 시신을 안치하고 나서 며칠 뒤에 제자들 가운데 몇 사람이 그분의 무덤에 찾아갔다. 그들은 무덤 안에 예수님의 시신이 없는 것을 보고 깜짝 놀랐다. 그분의 시신은 분명히 그 안에 있었다. 그분은 운명하셨다. 한 번 죽으면 그것으로 끝이다. 죽은 몸이 이전처럼 다시 살아날 수는 없다. 따라서 그것은 죽음보다 더 큰 누군가나 무언가의 도움이 있었다는 확실한 증거였다.

죽음은 어떤 물맷돌로도 물리칠 수 없는 골리앗과 같고, 어떤 지팡이로도 가를 수 없는 홍해와도 같았다. 하나님은 죽음이 온당하면서도 필연적인 죄의 결과라고 말씀하셨다. 장수했지만 이미 죽어 고인이 된 아담부터 광야에서 외치는 소리가 되어 살다가 불의한 손에 의해 목이 잘려 죽은 세례 요한에 이르기까지, 죽음이 왕 노릇했다. 하나님이 오실 때까지 그러했다. 예수님이 돌아가신 지 3일 후에 그분은 문자 그대로 일어나셨다. 산 자와 죽은 자 모두를 괴롭히는 죽음이 이제는 정복되었다. 예수님은 더러운 무덤을 그냥 내버려 둔 채 나오시지 않고, 자기의 머리를 감쌌던 수건을 잘 접어 자기의 몸이 누워 있던 곳에 놓으셨다(요 20:7 참조). 아마도 이것은 비유였다. 그 무덤에 들어가보는 사람 모두가, 예수님은 어떤 곳에 들어갔다가 떠나실 때 그곳을 그대로 변화없이 놔둔 채 떠나지 않으심을 볼 수 있게 해주신 것이다.

나중에 예수님은 육체 가운데서 제자들에게 나타나셨다. 육체가 개입되지 않는 부활이란 존재하지 않는다. 예수님은 살과 뼈를 지닌 진정한 자기 자신임을 입증하기 위해 그들에게 손과 발을 보여주시고 나서 "볼지어다 내가 내 아버지께서 약속하신 것을 너희에게 보내리니 너희는 위로부터 능력으로 입혀질 때까지 이 성에 머물라"(눅 24:49)라고 말씀하셨다. 약속이란 곧 성령의 능력을 의미했다. 예수님은 제자들을 고아처럼 버려두시지 않고, 삼위일체 하나님 가운데 세 번째 위격이신 성령님을 보내겠다고 말씀하셨다. 성령께서 임하시자 그들은 능력을 받았다. 그것은 예수님의 무덤에 역사해 그분의 몸을 묶고 있던 죽음의 사슬을 끊었던 것과 똑같은 능력이었다. 심장과 두뇌는 물론, 정지되어 있던 신체 기관들이 살아나 움직이기 시작했고, 피부에 생기가 돌아 이전의 빛깔로 돌아왔다. 근육과 뼈도 성령의 역사로 다시 힘을 얻어 되살아났다. 인간 가운데 그런 능력을 직접 목격한 사람이 과연 누가 있을까? 물론 우리는 주위에서 다른 형태의 능력들을 발견할 수 있다. 예를 들어, 우리는 사라질 조짐을 조금도 보이지 않고 날마다 달마다 해마다 어김없이 떠오르는 태양을 볼 수 있고, 흘러갔다가 되돌아오는 바다를 보고 즐거워하며 "도대체 무엇이 저 바다를 저렇게 흘러갔다가 다시 되돌아오게 하는 것일까? 어떻게 생각이 없는 물질인 물이 나보다 복종을 더 잘하는 것일까?"라며 궁금해한다. 또 중력도 있다. 그것은 우리가 날개 없는 새가 되어 공중으로 날아오르지 않도록 붙잡아주는 힘이다. 이런 지상의 능력들은 모두 하늘, 곧 하나님에게서 기인한다(골 1:17). 하나님은 그리스도를 통해 그와 똑같은 능력을 내게 베푸셨다.

————————

그녀는 여전히 줄에 서 있었다. 말 많은 남자는 갔지만 그녀와 나 사이에는 아직도 몇 명의 고객이 더 있었다. 나는 내 앞에 있는 사람이 주문하는 것에 관심을 집중하면서도 사람들 뒤에 서 있는 그녀의 얼굴에 핀 미소를 지켜보았다. 그와 동시에 내 안에서 갈등이 느껴졌다. 그녀는 아름다웠다. 내가 원한다면 확실히 그녀를 가질 수 있을 것이다. 게다가 나는 그렇게 하길 원했다.

그러나 나는 또한 다른 것, 곧 하나님을 원했다. 하나님이 내가 가기를 원하시는 다른 길, 내가 그 안에서 즐거워하길 원하시는 다른 아름다움이 존재한다는 이상한 확신이 있었다. 나는 나 자신을 어떻게 해야 할지 알 수 없었다. 하나님의 자녀가 된 지 채 24시간이 되지 않았는데도 그분은 이미 나를 변화시키고 계셨다. 그리스도인이 된다는 느낌이 바로 이런 것인가? 나는 속으로 생각했다. 네 안에서 항상 조용한 싸움을 하라는 게 바로 이런 것인가?

여자보다 하나님을 더 원하게 된 것은 내게는 전적으로 새로운 경험이었다. 나는 그런 경험이 기독교의 일부라고는 생각도 하지 않았었다. 내게 있어 기독교는 그저 의무의 종교처럼 보였었다. 나는 엄숙한 눈빛을 하고, 어금니를 꾹 깨문 채로 항상 거룩함에 집착하면서 기쁨보다는 죄에 관해 더 많이 말하는 신자들을 많이 만나보았다. 그들은 왜 나에게 의로움 안에 행복이 있다고 말해주지 않았던 것일까? 그들은 왜 십자가를 짊어지는 것이 기쁨을 얻는 행위라고 말해주지 않았을까? 하나님 안에 풍성한 즐거움이 있다고 말해주지 않았을까? 심지어 그들의 구원자이신 주님께서도 십자가의 고통을 감내하는 와중에 기쁨을 잃지 않으셨다. 그런데 왜 그들은 그런 것에 초점을 맞추지 않았던 것일까? 물론 나의 불신앙에 대한 책임이 그들에게 있다는 것은 아니다. 단지 그들이 내게 지옥의 무서움만을 말하지 않고, 하나님의 아름다우심에 관해서도 더 많이, 아니 최소한 그와 똑같은 만큼이라도 잘 말해주었는지 의아할 뿐이다. 만일 그들이 그렇게 했더라면 나의 우상들을 좀 더 빨리 불태워 없앴었을지도 모른다.

성령께서 나의 순종뿐만 아니라 나의 애정 affections 도 얻고자 하신 덕분에 나는 하나님을 원할 수 있었다. 전에 나의 마음을 차지하고 있던 세입자는 내 마음에 영향을 미쳐 사물이나 사람으로 내 마음을 채워서 내가 거기서 만족을 얻게 만들려고 했었다. "빛이 세상에 왔으되 사람들이 자기 행위가 악하므로 빛보다 어둠을 더 사랑한 것이니라"(요 3:19)라는 예수님의 말씀은 정확히 나를 가리킨 것이었다. 죄가 나의 관심을 사로잡은 이유는 그것이 내 마음을 장악하고 있었기 때문이다. 나는 단지 죄를 용인한 것이 아니라 사랑했고, 그 안에서 즐거워했으며, 그것을 흠모했다. 나는 죄에게 내가 그것을 사랑하고 있다는 것을 알리려고 꽃다발을 가져다 바쳤다. 그러나 그런 사랑의 능력이 내게 주어진 것은 결코 헛된 것이 아니었다. 왜냐하면 죄가 없어지기 위해 사랑이 없어져야 하는 것은 아니기 때문이다. 죄를 향했었던 나의 사랑의 능력이 이제 가장 사랑스러우신 분에게로 집중되었다. 이 사랑은 그분 안에서 안전하게 발현되었다. 성령께서 내 안에 들어와 거하시며 가리개를 제거해 빛이 들어오게 하셨다. 나는 얼굴에 미소를 띠고 하나님과 그분의 영광을 보았을 뿐 아니라 죄가 거짓말쟁이였다는 사실을 분명하게 알 수 있었다. 빛은 진리를 환영하고 진리가 내 안에서 발 뻗고 쉬게 해주었고, 반대로 진리가 아닌 것은 무엇이든 아무리 나를 자기 집이라고 주장하더라도 내 안에서 편안하게 머물지 못하게 만들었다.

그녀가 아까보다 좀 더 가까이 다가왔다. 어떻게 해야 할지 몰라 당황스러웠다. 하나님을 선택하기를 원하는 마음은 분명했지만 방법을 몰랐다. 설령 방법을 알고 있다고 해도 행동으로 옮길 수 있을지 의문이었다. 교회에서 부흥 집회가 끝나고 난 뒤에 더는 죄를 짓지 않겠다고 결심한 적이 여러 번 있었다. 그러나 죄를 거부하는 나의 힘은 고작 하루나 이틀도 못 되어 허리케인 앞에 선 돌배기 어린아이만큼이나 무력하기 짝이 없게 변하곤 했다. 항상 쉽게 해온 일을 할 수 있는 기회가 눈앞에 주어졌다. 내 생각은 그녀의 육체를 취해 그 존엄성을 마음껏 유린할 만반의 준비가 되어 있었고, 내 입은 행동을 결행할 때를 열망하고 있었다. 내 입은 다른 사람들을 부추겨 나와 함께 하나님을 부인하자고 말하는 방법을 너무나도 잘 알고 있었다. 그러나 나는 입을 꾹 다문 채 서 있었다. 기억에 떠올릴 만한 성경 구절은 없었지만 "하나님, 도와주세요. 아멘."이라고 기도해야 한다는 생각이 들었다.

내 앞에 있는 고객은 피클이나 양파를 더 주문해야 할지 생각 중이었다. 그는 나를 쳐다보며 혼잣말을 했다. "두 가지 다 주문하면 너무 많을 거야." 그러는 사이 패스트푸드 식당 한복판에서 과거에는 대제사장과 어린 양을 통해 이루어진 일을 이제 내가 할 수 있게 되었다. 물론 주위 사람들은 성전이나 휘장이나 지성소를 보지 못했을 것이다. 그들이 본 것은 나와 계산대와 망설이는 고객뿐이었다. 그러나 나는 그곳에서 얼굴과 몸을 굽혀 그분을 경배하고 있었다. 그분의 발은 내 손 가까이에 있었다. 나는 고개를 쳐들었고 긍휼과 은혜가 내게 주어지는 것을 볼 수 있었다. 내가 그것을 미처 의식하기도 전에, 유혹은 전과 같았으나 다른 누군가의 힘의 작용으로 나는 유혹에 넘어가지 않고 뒤로 물러났다.

하나님의 주권적인 손길을 통해 누군가의 삶 속에 구원이 임하면 그 사람은 죄의 형벌과 그 권세로부터 해방된다. 성령이 없는 육체 안에서는 죄가 절대 군주로 행세하기 때문에 누구도 그 지배에서 벗어날 수 없다. 몸의 지체들과 애정 affections과 생각이 모두 죄의 통치에 기꺼이 굴복한다. 그러나 하나님의 성령께서 자기를 위해 창조하신 몸을 다시 장악하시면, 그것을 포로로 잡고 있던 주인의 손에서 건져내어 구주의 기이한 빛 속으로 인도하신다. 그러면 하나님을 원하는 것이 가능해질 뿐 아니라 실제로 그분께 순종할 수 있다. 자유란 바로 그런 것이어야 하지 않겠는가? 자유는 내가 좋아하는 대로 하는 것이 아니라 하나님을 기쁘시게 하는 일을 하는 능력을 의미한다.

금전 계산기가 열렸다. 나는 그 안에 들어 있는 1센트, 10센트, 25센트짜리 동전들과 닳아빠진 1달러짜리 지폐들과 상품권들을 내려다보았다. 정욕이 내 생각을 지배하지 못하게끔 주의를 다른 곳으로 돌리는 데 도움이 되는 일이 필요했기 때문이다. 그 예쁜 여자는 다른 계산대에서 주문을 하고 음식이 나오기를 기다리고 있었고 나는 그녀가 그곳에 있어도 하나님에 의해 잘 지탱되었다. 이 첫 번째 시련은 앞으로 다가올 많은 시련의 시작이었다. 실패할 시련들도 많을 테고, 또 더러는 극복할 수 있을 터이다. 그러나 그날 나는 한 가지 사실을 깨달았다. 하나님은 항상 나를 도우시기 위해 유혹의 현장에 계실 것이다.

———————

나는 그녀의 두 눈이 몹시 그리웠다. 그 눈을 생각하니 모든 것이 생각났다. 그녀가 생각나지 않을 때는 나의 욕망 자체가 나를 미치게 만들었다. 나는 단 한 번만 여자를 안고 싶었다. 레즈비언이라는 이름에 어울리는 관계를 맺고 싶은 열망이 뜨거웠다. 그런 감정은 거듭난 새 생명에 의해 조금도 누그러지지 않고, 오히려 더 요란하게 소용돌이치는 것 같았다. 저항할수록 유혹의 힘이 이전보다 더 큰 괴물이 되어 나타나는 듯한 느낌을 받았다. 놀랍게도 그리스도인이 되어 죄의 권세로부터 구원받았는데도 유혹의 가능성은 조금도 제거되지 않았다.

동성에게 성적으로 매력을 느끼는 누군가가 진정으로 구원을 받으면 그런 욕구가 즉시 사라진다는 것은 순전한 거짓말이다. 사람들은 예수님이 죄를 깨끗하게 씻어주시면 죄의 유혹에 영향을 받지 않는다고 생각한다. 예수님만 보아도 그런 생각이 사실이 아닌 것을 금방 알 수 있다. "우리에게 있는 대제사장은 우리의 연약함을 동정하지 못하실 이가 아니요 모든 일에 우리와 똑같이 시험을 받으신 이로되 죄는 없으시니라"(히 4:15)라는 말씀대로 그분은 아무런 결함 없이 완전하셨지만 유혹을 받으셨다. 따라서 그분을 주님으로 믿고 따르는 사람들도 얼마든지, 해서는 안 될 일을 하고 싶은 충동을 느낄 수 있다. 그들은 때때로 자신의 몸 안에서 하나님이 아닌 정욕을 좇으려는 유혹을 느낀다. 나를 비롯해 모든 인간은 육체의 열정에 너무 쉽게, 그리고 너무 자주 넘겨지는 매우 불리한 조건에 처해 있다. 그래서 그리스도의 주권에 복종한 뒤에도, 동성 간 끌림을 느끼면서도 그것에 이끌리지 않는 방법을 배우는 과정은 너무나도 힘들고 좌절스러웠다. 하나님이 나의 죄를 씻어주실 때 내 입에서 그 죄의 맛을 아예 제거해 주셨다면, 유혹을 물리치기가 좀 더 수월할 것 같다는 생각이 들었다. 그러나 주님조차도 아무 풍미도 없는 죄의 만찬을 거부하기 위해 은혜가 필요하다는 사실을 이해할 수 있으셨다. 그것도 내가 이해하는 깊이와는 비교할 수 없이 더 깊이 이해하셨다.

C. S. 루이스는 이렇게 말했다.

> 5분 만에 유혹에 굴복하는 사람은 한 시간 뒤에 어떤 유혹이 어
> 떻게 나타날지 알지 못한다. 이것이 악한 사람들이 어떤 의미에
> 서 악함이 무엇인지 잘 모르는 이유다. 그들은 항상 죄에 굴복하
> 며 안일한 삶을 살아간다. 우리가 죄에 맞서 싸우려고 하기 전까
> 지는 우리 안에 있는 악한 충동의 힘을 제대로 알기가 어렵다. 유
> 혹에 단 한 번도 굴복하지 않은 사람은 그리스도 한 분뿐이다. 따
> 라서 유혹이 무엇을 의미하는지를 온전하게 알고 있는 사람도 오
> 직 그분뿐이다. 실제 현실을 완전하게 이해하시는 완전한 사실주
> 의자는 오직 그분밖에 없다.[5]

그리스도와 나의 많은 차이점 가운데 하나는 그분은 모든 유혹
앞에서 단 한 번도 굴복한 적이 없으셨다는 사실이다. 죄는 그리
스도의 무릎을 꿇게 만들지 못했다. 왜냐하면 침범할 수 없는 거
룩함이 항상 그분을 곧고 바르게 지탱해주었기 때문이다. 그분은
죽음을 불과 몇 시간 앞둔 상황에서도 다른 잔 곧 다른 뜻을 선택

---

5. C. S. Lewis, *Mere Christianity* (1952; repr., New York: HarperCollins Publishers, 2015), 142.

하지 않고, 항상 그랬던 것처럼 성부의 아름다운 뜻에 자기 자신과 몸의 소원을 모두 맡기심으로써 육신이 우리의 삶을 결정하도록 허용해서는 안 된다는 가르침을 베풀어 주셨다.

여전히 그녀가 그립고, 비단 그녀가 아니더라도 어떤 여자든 취하고 싶은 욕망이 가시질 않았다. 천국을 바라보고 싶다는 생각이 들었다. 그저 결별을 고하기 위해서 말이다. 날마다 십자가를 짊어지느라고 여기저기 너덜너덜해진 나의 등은 지칠 대로 지쳐 있었다. 세상이 천국처럼 보이기 시작했고, 하나님은 희미해지는 구름과 같아 보였다. 나는 하나님 외에는 아무도 들을 사람이 없는 일터의 뒷방에서 마음속으로 "하나님, 너무너무 힘들어요. 죄 짓는 생활로 다시 돌아가고 싶어요. 주님, 도와주세요."라고 말했다. 그러자 낯익은 음성이 나의 정신을 일깨웠다. 조용히 귀를 기울이면서 나의 마음은 "재키야, 내 말이 네가 느끼는 감정과 모순되더라도 너는 내 말이 사실이라는 것을 믿어야 한다."라는 말에 붙들렸다.

상상력이 풍부한 어린아이의 손에 들린 가벼운 인형처럼 유혹이 나를 거칠게 몰아쳤다. 재미와 장례식 사이에서 왔다갔다 흔들리면서 생각했다. 나는 누구를 더 신뢰하기로 결정해야 하나? 유혹이 내가 믿기를 바라는 것을 선택해야 할까, 아니면 하나님이 이미 계시하신 것을 선택해야 할까? 동성애와의 싸움은 믿음의 싸움이었다. 유혹에 굴복하는 것은 곧 불신앙에 빠지는 것이었다. 그것은 몸이 하나님보다 더 중요하고, 죄의 즐거움이 그분보다 나를 더 잘 지탱해줄 것이라고 결정하는 것이나 다름없었다. 죄의 유혹은 믿기 어려울 만큼 현실적이고, 구체적이고, 집요했지만 그것의 힘은 실체 없는 환영에 불과했다. 예수님은 유혹이 정복되었다는 것을 입증해 보이셨다. 그분은 내가 은혜의 보좌 앞으로 나아갈 때 기꺼이 도와주겠다고 약속하셨다.

그분을 믿는 것은 나의 몫이었다. 그분의 말씀은 권위와 활력이 있고, 예리했다. 하나님은 그 안에서 내게 말씀하셨고, 자신이 어떤 존재인지 보여주셨으며, 자신이 그 어떤 피조물보다도 더 뛰어나시고, 자신이 우리의 기쁨과 평화와 분깃이 될 자격이 있으시며, 조금이라도 하나님을 신뢰하면 산, 곧 자아라는 가장 큰 산도 움직일 수 있다는 사실을 깨우쳐주셨다. 성경이 곧 육신을 물리칠 때 사용할 수 있는 무기이자 칼이었다. 성경을 믿는 나의 믿음은 모든 사탄의 공격으로부터 몸을 지켜주는 방패였다. 아무 사람이나 붙들고 거짓말을 한 적이 있느냐고 물으면 "아뇨. 그런 적 없습니다."라고 대답할 사람은 아무도 없다. 그러나 하나님은 사람이 아니시기 때문에 거짓말을 하시지 않고, 하실 수도 없다. 그분이 말씀하셨고, 앞으로 말씀하실 것은 모두 사실이다. 믿음은 단순하다. 하나님의 말씀을 그대로 받아들이는 것, 그것이 곧 믿음이다.

나는 그러고 싶지 않을 때에도 그분을 믿는 것 외에 다른 선택지가 없었다.

10장

• • •

2008년

나는 다시 옷을 빌려왔다. 이번에는 여성의 옷이었다. 스키니 청
바지였는지 아니면 슬랙스였는지 몸에 꼭 맞는 티셔츠였는지 아
니면 4 사이즈 버튼업 셔츠였는지 확실하게 기억나지는 않지만
말할 수 없이 불편했었던 느낌은 지금도 생생하다.

나는 아무 생각 없이 예배당 안으로 걸어 들어갔다. 미국의 전
형적인 예배당과는 달리 그곳은 큰 방 정도 사이즈의 아담한 장소
였다. 그런 사이즈가 좋을 수도 있고 나쁠 수도 있을 것이다. 내가
전에 만났던 그리스도인들은 마치 유령을 보는 듯한 시선으로 나
를 바라보았다. 나는 내 자신을 가까이할 수 없는 이상한 사람으
로 생각해본 적이 단 한 번도 없었지만 사람들은 내가 "그리스도
인들"이 모여 있는 장소에 갈 때마다 나를 그런 사람처럼 취급했

다. 나의 존재를 알아차리지 못했거나 혹시라도 나와 눈이 마주치면 나중에 아는 척해야 하는 부담감이 느껴져 일부러 나를 무시하기로 마음먹었을 수도 있다. 또 어떤 사람들은 나를 보면서, 그것도 똑바로 보면서 마치 어린아이가 벌레에게 하는 것처럼 말은 한 마디도 하지 않고, 그저 물끄러미 관찰하기만 했다. 나는 그들이 다르기를, 곧 예수님처럼 다르기를 바랐다.

나는 여성들이 항상 5초만 지나면 자기 체구에 너무 작은 옷을 입었다는 것을 알고 후회한다는 사실을 잊고 말았다. 그러나 나는 내 개성대로 옷을 입고 오면 겪게 될 타인의 시선이나 수치심을 정면대응하고 싶지 않았기 때문에 최소한 예배가 끝날 때까지는 벽장 속의 누군가가 되기로 마음먹었다.

자리에 앉으려고 걸어가는데 한 여성이 주일 아침에 어울리는 환한 미소를 띤 얼굴로 내게 "좋은 아침이네요."라고 인사했다. 그러더니 매우 밝고, 신뢰가 가는 음성으로 "이름이 뭐죠?"라고 물었다. 나는 "재키입니다."라고 대답했다. 그렇게 짧게 대답한 이유는 질문한 내용 이상의 말을 할 만큼 긴장이 완화된 상태가 아니었기 때문이다. 느닷없는 마주침이 조금은 부담스러웠고, 말을 많이 하다가는 어떤 일이 벌어질지 몰랐기 때문이다. 그런데 그녀는 내가 기대하지 않았던 태도를 보였다.

그녀는 사람들의 냉소적 태도에도 개의치 않고 내 눈을 바라보더니 고개를 약간 끄덕이면서 내 이름을 다시 불렀다. 그녀는 나를 향해 "재키"라고 말했지만 실제로는 내 이름을 잊지 않으려고 스스로에게 말한 것이 분명했다. 그녀는 내 이름을 듣고 흘리지 않고, 잘 기억해 간직하고 싶어 했다. 내 이름을 아는 것을 중요하게 여기는 낯선 사람을 만나보기는 처음이었다. 나의 성적 성향이 내 이름이 되다시피 한 지가 너무 오래되었기 때문에 내가 지은 죄가 아닌 나의 어머니가 내게 부여해주신 정체성에 따라 나를 대해주는 사람을 만나고 보니 기분이 좋았다. 그녀 앞에서는 내 자신이 해결되어야 할 문제가 아닌 사랑받아야 할 인격체로 느껴졌다. "할렐루야"를 외치고, 십일조를 내고, "성경 몇 장 몇 절을 봅시다."라는 말이 이어지면서 약 2시간이 지나갔다. 그 시간 동안, 전에는 한 번도 그 주변에 있을 때 안전하게 느껴지지 않았던 이 사람들의 또 다른 면모를 볼 수 있었다. 그러나 놀랍게도 교회에 대한 나의 불신이 걷히기 시작한 이유는 프로그램이나 설교 때문이 아니었다. 그 이유는 내가 다시 교회에 나왔을 때 분명히 내 이름을 기억하고 있을 그 여성 때문이었다.

동성애자 공동체gay community가 그렇게 불리는 데는 그만한 이유가 있다. 그것은 공동체이다. 이름도 사회적 신분도 먹는 습관도 성장 배경도 모두 다르지만, 서로를 비슷하게 만들어주는 한 가지 공통점, 즉 성적 성향이 같은 사람들로 이루어져 있기 때문이다. 은밀한 악수, 끼리끼리만 통하는 농담, 곁눈질하며 능글맞게 웃는 표정은 그들의 주위에 있는 세상에게는 경멸의 대상이 되고, 또 대다수 사람을 혼란스럽게 만드는 결과를 낳지만, 그들은 그런 것들을 통해 서로 하나임을 느낀다.

벽장 속에서 하루를 보낸 사람들은, 자신들을 판단하는 눈길이 없는 안전한 곳으로 나와 놀았다. 가족들에게, 자신은 그들이 기대하는 것과는 다른 방식으로 사랑한다는 사실을 두려움 없이 말해 버린 거침없는 동성애자들은 대개 파티의 삶을 보낸다. 파티가 끝나고 나면 우리는 또다시 이성애자들의 세계로 돌아가야 한다는 사실을 의식했다. 우리는 그곳에서 다시 벽장 속에 우리를 감춤으로써 정직해야 한다는 부담감에서 벗어나려고 하거나 어느 정도 용기를 발휘해 우리가 알고 있는 우리 자신의 모습대로 살아가거나 둘 중 한 가지 태도를 취해야 했다. 스터드 Stud, 펨 Fem, 트레이드 Trade(아무 남자하고나 한 번씩 어울리는 남자 동성애자—역자주), 바이 Bi(양성애자—역자주)는 서로를 구분하는 독특한 정체성을 지니고 있지만 모두를 하나로 묶는 공통점을 공유하고 있다. 그것은 그들이 동성애자라는 것이었다.

따라서 그런 공동체를 떠나 다른 공동체에 참여하는 것은 상당히 두려운 일이었다. 교회라는 공동체는 적당한 거리를 유지한 채 안전하게 있을 수 없는 공동체이며 나의 삶에서 가장 중요한 공동체이다. 따라서 이 공동체로의 전향은 특히나 더 두려운 일이었다. 그러나 내가 알고, 즐거워하기 시작한 기독교 공동체는 동성애 공동체가 내게 해줄 수 있는 것보다 더 많은 것을 해주었다. 그들은 내게 하나님을 보여주었다. 내가 오랫동안 집처럼 생각해 온 공동체 안에는 온통 웃음이 가득했고, 나는 그것을 진정한 "생명"으로 꼬리표를 붙였다. 그러나 실제로 나의 동성애자 공동체에는 생명이 없었다. 그들은 과거에 내가 그러했던 것처럼 죽은 상태였다. 물론 그들은 여전히 하나님의 형상을 지닌 인간이며, 여전히 친구들이었고, 여전히 중요했다. 나는 여전히 그들을 사랑했다. 하지만 나는 하나님을 더 사랑했다. 그들은 자신도 모르는 분을 내가 사랑하도록 도와줄 수 없었다. 동성애자 공동체와 기독교 공동체의 차이는 재능이나 지성이나 위로나 유머나 아름다움이 아니었다. 그 차이는 한쪽에는 하나님이 거하시지만 다른 쪽에는 그분이 거하시지 않는다는 것이었다.

"그로 말미암아 우리 둘이 한 성령 안에서 아버지께 나아감을 얻게 하려 하심이라 그러므로 이제부터 너희는 외인도 아니요 나그네도 아니요 오직 성도들과 동일한 시민이요 하나님의 권속이라 너희는 사도들과 선지자들의 터 위에 세우심을 입은 자라 그리스도 예수께서 친히 모퉁잇돌이 되셨느니라 그의 안에서 건물마다 연결하여 주 안에서 성전이 되어 가고 너희도 성령 안에서 하나님이 거하실 처소가 되기 위하여 그리스도 예수 안에서 함께 지어져 가느니라"(엡 2:18-22).

하나님을 아는 사람들의 공동체는 평범한 공동체가 아니다. 한때는 재미없고, 그저 평범하기만 한 그리스도인들의 집합체라고 생각했던 것이 이제는 몸의 형체를 띤 기적의 공동체로 내게 다가왔다. 식사를 하면서 나누는 모든 대화가 기도의 응답이거나 불붙은 가시떨기가 될 수 있었다. 그들도 내가 얼마 전에 만난 하나님을 통해 새 생명을 얻었다. 그들은 내가 혼자서 하나님을 아는 것보다 그분에 대해 더 많은 것을 알게 해주었다. 하나님은 우리를 하나가 되게 하셨고 이를 통해 내가 속했던 이전의 공동체가 자랑스럽게 입고 다니라고 말했던 모든 것을 벗어 버리는 법을 배울 수 있는 수단을 제공하셨다.

————

나는 온라인에서 산토리아를 만났다. 정확히 말하면 나는 그녀보다 그녀가 한 말을 먼저 만났다. 어느 날 밤, 잘 시간이 지날 때까지 유튜브를 보다가 우연히 마치 새 떼가 흩어져 날아가듯 입에서 성경을 날려 보내는 한 이름 모를 여성의 영상이 눈에 띄었다. 날개들이 연거푸 날아가 그녀가 말하는 사람의 마음과 하늘을 두 쪽으로 갈라놓았다.

그녀는 한 남자에게 예수님을 전하고 있었다. 그 남자는 온 힘을 다해 지식에 바탕한 의심들을 제기하며 도망치려고 애쓰고 있었다. 그들의 대화는 매우 흥미로웠다. 이제 갓 믿음을 갖게 된 나로서는 그런 식의 대화를 어떻게 일컬어야 하는지조차 알지 못했다. 내가 아는 것이라곤 언젠가는 나도 그녀처럼 성경 말씀이 가득 들어찬 넓은 마음을 갖길 원하는 바람뿐이었다.

시가 계기가 되어 그녀가 살고 있던 로스앤젤레스를 방문하게 되었다. 그녀의 집에서 몇 시간 동안 대화를 나누기 전에 나는 산토리아가 여성 사역 디렉터로 섬기던 한 교회가 마련한 행사에서 시를 발표했다. 나는 유튜브를 통해 그 여성 사역에 관해 좀 더 많은 정보를 얻고 나서 나를 간증하는 내용의 이메일을 그들에게 보냈었다 (나는 산토리아가 복음을 전하는 비디오를 보고 나서 다른 비디오들도 모두 보았다). 그들은 마침내 내가 시인이라는 사실을 알고는 다음번 시 발표 행사에 참석해 달라고 요청했다. 구원받기 전에는 시 쓰는 것을 내가 할 만한 일로 생각하지 않았다. 애쓰지도 않았는데 갑자기 마구 무언가를 쓰고 싶은 충동이 일어나 사그라들 조짐이 없이 나를 강력하게 사로잡기 전만 해도 시는 나 같은 사람보다는 향을 피우고, "네오소울"을 즐기고, 봉고를 두들기고, 갈색 피부를 가진, 생각이 깊은 사람들에게 더 잘 어울린다고 생각했었다.

그녀의 아파트에 들어섰을 때 처음 느낀 것은 고요함이었다.

그녀의 교회에서 시 발표를 하고 나서 그 교회의 목회자는 내가 그녀의 집에 머물도록 주선해 주었다. 혼자 사는 집이라서 사역과 관련된 일로 인해 소음이 발생되지 않는 한 조용할 수밖에 없었다. 우리는 식탁에 함께 앉았다. 몇 통의 편지들이 그녀의 차분한 손에서 조금 떨어진 곳에 쌓여 있는 것을 제외하면 식탁은 상당히 깨끗했다. 그녀는 손을 들어올려 머리를 정리하기 시작했다. 그녀의 머리 타래 가운데 하나는 조금 다루기가 힘들어 보였다. 그녀는 때때로 식탁에 닿을 만큼 길고 검은 머리를 차분하게 갈무리했다.

그로부터 몇 달이 지나지 않아 세인트루이스 근처의 교회들이 내가 쓴 시를 예배와 집회에서 발표해 달라고 초청하기 시작했다. 나에게는 말이 곧 사역이었다. 하나님이 말씀으로 사람과 세상과 별과 기적을 만드신 것처럼 나도 내 나름의 살아 있는 것들을 창조해서 마땅히 하나님이 보시고 한걸음 물러나 "보기에 좋다(선하다)"라고 말씀하실 수 있는 것을 만들어야 한다는 생각이 들었다. 하나님을 영화롭게 하고, 그분이 창조하신 모든 것을 유익하게 할 수 있을 만큼 선한 것을 만들고 싶었다. 그러나 잘 알다시피 인간은 무엇이든 손을 대기만 하면 자신의 생각이 위로부터 받은 것이 아닌 것처럼 자기가 만든 것을 보며 자화자찬을 일삼는 경향이 있다.

산토리아는 사람들이 스스로 보지 못하는 것을 볼 줄 아는 지혜로운 여성이었기 때문에 내게도 그런 경향이 있다는 것을 곧 알아차렸다. 그녀는 유튜브에서 상대했던 그 남자의 교만을 철저히 파헤쳐 무너뜨렸던 방식을 나에게도 똑같이 적용했다. 내가 자신 감으로 착각했던 교만이 고삐가 풀린 듯 내 자신, 나의 삶, 나의 생각, 나의 재능, 나의 알량한 성경 지식을 장황하게 묘사한 글들을 마음껏 휘젓고 다니면서 다른 요인들과 결합해 내가 올라앉을 수 있는 보좌를 만드는 일을 거들었다. 비디오에서 그 남자를 향해 거칠게 날아가던 새들이 이번에는 비교적 부드럽게 날아들었지만 내가 그의 처지가 된 것은 분명했다. 상황은 달랐지만 그녀의 가르침이 필요한 입장이 된 것은 똑같았다. 그러나 이번에 나의 흥미를 끈 것은 그녀의 성경 지식이 아니라 성경에 대한 그녀의 차분한 확신이었다.

그녀는 자신을 입증해 보이기 위해 아무것도 말할 필요가 없었다. 나는 말할 것이 너무 많았다.

제자 훈련은 내가 처음 믿음을 가지고 나서 나갔던 교회에서는 잘 들을 수 없었던 말이었다. 나의 이름을 기억해준 교회에서는 성령의 능력이 부서진 몸속에 들어와서 그것을 송두리째 치유시킨다는 것과 하나님이 좋은 은사들을 나누어 주셨기 때문에 각자 그것을 발견해서 사용하면 주일을 특별하게 보낼 수 있다는 것을 배웠다. 한때 마약 중독자였다가 구원받은 그 교회의 목회자는 무엇을 말해야 할지 강단에서 하나님이 자기에게 말씀하시게 했다. 우리는 성경책을 활짝 펴놓고서 생명 없는 예배당 벽이라 할지라도 자기가 천국의 시민들을 에워싸고 있음을 알 수 있을 정도로 충분히 큰소리로 기도를 드렸다.

그러나 복음이 어떻게 나의 생명을 변화시켰을 뿐 아니라, 또 그것이 나의 매일의 삶에 어떤 의미가 있느냐는 질문을 받았다면 나는 대답할 말이 아무것도 없었을 것이다. 만일 성령께서 어떻게 나를 성령의 은사 안에서 행하게 하실 뿐 아니라, 거룩함 안에서 행하게 나를 능하게 하셨느냐는 후속 질문을 받았다면 나는 그런 질문들을 모르는 것을 배우는 수단으로 여겼을 것이다. 산토리아의 집에 잠시 머무는 동안, 내가 볼 때 전혀 가능하지 않을 것 같은 방식으로 그녀가 능력이 충만한 삶을 사는 모습을 목격할 수 있었다. 그녀는 불신앙이 접근하면 성경을 충실하게 사용해 그것을 단단히 결박시켜 그녀 자신의 뜻보다 더 높은 뜻에 철저히 굴복시켰다. 그녀는 참으로 똑똑하고 뛰어난 여성이었지만 불경건하지도 않았다. 그동안 영광스러운 재능을 지니고서도 사탄적인 삶을 사는 사람들을 많이 보았는데 그녀는 그렇지가 않았다. 그녀는 하나님을 아는 것은 그분에 관해 아는 것이나 그분을 위해 무엇을 하는 것만이 아니라 그분을 인격적으로 아는 것을 의미한다는 점을 일깨워주었다.

나는 하나님이 나의 삶에 찾아오신 지 일 년 후에 산토리아의 집으로 이사했다. 나를 새 신자로서 반갑게 맞아준 교회에서는 진정한 영적 성장을 이루기가 어려웠다. 따라서 하나님의 인도하심과 지혜로운 조언에 따라 나는 산토리아에게 제자 훈련을 받고 그녀가 소속된 교회에 합류하기 위해 로스앤젤레스로 거처를 옮겼다. 그녀의 집은 은신처가 되기에는 매우 부적합했다. 집 안쪽으로는 적당한 크기의 방 두 개가 서로 인접해 있었다. 두 방 중 어느 쪽에서든 보폭에 따라 다르겠지만 단지 너덧 걸음만 걸어 나오면 산토리아와 그녀의 룸메이트와 나, 셋이 함께 쓰는 작은 화장실까지 쉽게 올 수 있었다. 그녀의 아파트는 사람들로 붐볐기 때문에 나 자신이나 사생활이 알려지는 것을 막을 수 없었다. 산토리아는 나를 돕기 위해서는 나를 알아야 할 필요가 있다고 생각했다. 이전의 친구들은 나에 대해 알았다. 내가 좋아하는 것과 싫어하는 것, "아몬드 조이 초콜릿"을 즐긴다는 것, 양말을 뒤집어서 벗는다는 것 등에 대해 잘 알았다. 그들은 심지어 말로 표현할 수 없는 나의 고통까지도 알았다. 그럴 때면 나는 아무 말도 하지 않은 채 눈물을 흘리다가 약하게 보일까봐 얼른 눈물을 훔쳐내곤 했다. 그러나 산토리아가 알려고 했던 것은 내가 버리지 않고 있던 크고 작은 죄들이었다. 고백하지 않은 죄를 죽일 수는 없었던 것이다. 당시처럼 믿음이 유아적 단계에 머물러 있을 때는 그동안 나의 생명을 지탱해 주었다고 생각하는 것들을 내 스스로 죽여 없애려고 하지 않을 것이었다. 산토리아와 그녀의 집에 대해 말하자면, 그녀는 자기 집에서 사는 사람은 누구나 실제로 바로 그것을 정확히 행하기를 원했다. 생명 안에서 사는 것 말이다.

어느 날 아침, 나는 열 시가 되기 조금 전에 잠에서 깨어났다. 근처의 타이어 가게에서 울리는 마리아치 음악 소리가 아파트 건물의 벽에 부딪쳐 크게 울려 퍼지면서 마치 원형 극장 같은 효과를 냈다. 태양이 늑장을 부리는 바람에 정오가 되기까지는 날씨가 어떨지 예측하기가 어려웠다. 그러나 태양이 기력을 회복하면 전형적인 캘리포니아 날씨를 보여줄 것이라는 생각이 들었다. 산토리아는 텔레비전이 없었기 때문에 나는 아침이면 대개 소셜 미디어를 하면서 시간을 보냈다. 막 컴퓨터 앞에 앉으려는데 포스트잇이 나붙은 커다란 청색 책 한 권이 눈에 띄었다. 일부러 키보드 왼쪽에 놓아둔 책의 겉표지에는 메모가 적혀 있었다.

그 내용은 "컴퓨터를 하기 전에 이 책의 제2과$^{Lesson\ 2}$를 읽고, 문제도 풀어놓기를 바래요. 나중에 내가 집에 돌아온 후에 함께 토론할 거예요."였다.

내가 잠에서 깨자마자 무엇을 하는지 알고, 그것을 유익한 활동으로 바꿔치기하겠다는 산토리아의 대담하고 의도적인 행동에 잠시 놀라면서, 나는 그녀가 무엇에 내 아침을 바칠 가치가 있다고 생각했는지를 확인하려고 그 책을 집어 들었다. 그 책의 제목은『하나님을 추구하는 삶』*Seeking Him*이었다. 나는 그녀가 집에 오기 전에 요구한 일을 서둘러 해치울 요량으로 약간 짜증스러운 태도로 책장을 빠르게 넘겼다. 그 과의 제목은 "겸손 : 하나님의 조건에 맞추어 그분께 나아가기"였다.

"으아아, 이게 나와 무슨 상관이 있담?"하고 속으로 크게 소리쳤다. 조금 짜증이 났지만 그렇다고 이 숙제를 하는 것이 "아침에 할 바보 같은 일"이라고 산토리아에게 말할 만한 용기는 나지 않았다.

나는 내 뒤에 있는 소파에 앉아 책을 읽기 시작했다.

내가 읽은 내용 안에는 칼이 숨겨져 있었다. 스테인리스강으로 만든 듯한 예리한 칼은 한 문장이나 한 단락을 끝마칠 때만 잠시 작동을 멈추었다. 어떤 말은 깨진 유리 조각들과 같았다. 그 깨진 조각들이 제각각 나의 마음이 하나님을 어떻게 멀리하려고 애썼는지를 여실히 보여주었다. 문장 하나하나가 교만은 내가 마주친 외향적 사람들의 거만한 태도만이 아니라 우리 모두의 내면에 깊숙이 자리잡고 있다는 사실을 상기시켜주었다. 말씀의 검이 교만을 감싸고 있는 뼈와 골수를 찔러 쪼개자 그 실체가 다각적으로 모습을 드러냈다.

"재키, 재키의 문제는 동성애만이 아니에요. 그것보다 훨씬 더 많은 것에 대해 죽는 법을 배워야 해요. 동성애든, 교만이든, 두려움이든, 분노든, 게으름이든, 무엇이 되었든 간에 단지 성적 성향만이 아니라 극복해야 할 죄가 더 여러 가지예요." 산토리아는 최근에 교만과 관련해 나를 진단한 내용을 논의하면서 그렇게 말했다.

어떤 사람들은 자기 자신을 복음의 빛에 부분별로 나눠 비춰보고, 제자 양육에 대해서도 부분별로 나눠 생각하는 습성이 있다. 그 때문에 교회들은 대개 사람들에게 그들의 망가진 성적 성향의 시끄러운 아우성으로부터 자유함 가운데 행하는 방법을 가르치는 것을 제자 양육의 목표로 삼을 뿐, 육신이 일으키는 다른 소음들을 잠잠케 하는 방법을 가르치는 일은 소홀히 하는 경향이 있다. 하지만 그리스도께서는 우리의 일부만을 구원하기 위해 죽지 않으셨고, 또한 우리에게 생명의 일부만을 주려고 부활하지 않으셨다. 우리의 몸은 물론, 생각과 의지와 기질과 감정까지도 모두 다 하나님을 위해 창조되었기 때문에 전인적인 차원에서 그분을 온전히, 자유롭게 섬기지 못하게 방해하는 모든 죄를 정복하는 것이 그분의 뜻이라는 사실을 확실하게 이해할 필요가 있다.

거의 매일, 하나님을 더 잘 알 수 있게 도와주는 것들을 읽거나 들으라는 과제가 주어졌다. 나는 기도하는 법, 성경을 올바로 읽는 법, 언어를 바르게 사용하는 법, 사랑이 중요한 이유와 사랑을 실천하며 사는 법, 돈을 책임 있게 사용하는 법 등에 관해 매일 교육을 받았다.

어느 날 밤, 나는 다윗과 골리앗의 이야기를 다룬 영화를 보고 나서 산토리아에게 욕정 때문에 힘들다고 고백했다. 그 죄는 늘 많은 말로 나를 유혹하며 자기의 목소리에 귀를 기울이라고 위협하는 거인과도 같았다. 그러자 산토리아는 조금도 사정을 두지 않고 즉각 내가 어떤 사람이 되어야 하고, 또 어떻게 행동해야 하는지를 강조하면서 "재키, 복음으로 욕정을 물리쳐야 해요."라고 말했다.

나는 그런 조언이 과연 현실성이 있을까 하는 생각으로 "복음으로요? 어떻게요?"라고 물었다. 나는 그녀가 복음을 기억하라고만 말하지 말고, 특정한 죄를 꾸짖어 물리칠 수 있는 기도를 가르쳐주기를 바랐다.

"죽었다가 다시 살아나신 주님은 이미 우리에게 죄를 물리칠 수 있는 힘을 주셨어요. 따라서 죄에 굴복해야 할 이유가 없어요. 죄의 유혹을 느낄 때마다 예수님이 죄를 정복하셨다는 사실을 기억해야 해요. 재키는 노예가 아닌 자유인이에요. 그저 그 사실을 믿고, 그 안에서 행해야 해요."

나는 난처하고 당혹스러운 표정으로 그녀를 바라보며 "죄와 싸울 때 필요한 것은 복음뿐이라는 말인가요?"라고 말했다.

내가 그렇게 진지하게 묻자 산토리아는 작게 터져 나오려는 웃음을 억지로 참으려고 애쓰면서 나를 바라보며 "그래요, 재키. 복음은 우리를 구원했을 뿐 아니라 또한 우리를 지켜준답니다."라고 자신 있게 말했다.

———

다른 수단들을 의지하려고 시도하면서 많은 성도들이 복음이 아닌 자기 의와 선행의 길 위에 자신을 올려놓았다. 하나님은 자기를 위해 사람을 창조하셨지만 사람은 죄를 지어 그분의 거룩한 율법을 어겼다. 따라서 모든 사람이 의로우신 하나님이 요구하시는 심판을 받아야 마땅하지만 그분은 사랑으로 자기의 아들 예수 그리스도(육신을 입으신 하나님)를 보내 많은 사람의 죄를 짊어지고, 그들이 받아야 할 심판을 대신 받게 하셨다. 그 덕분에 그들은 결코 자신의 공로로는 얻을 수 없는 생명을 얻었다. 그 모든 일과 그 이상의 일을 할 수 있는 능력을 지닌 예수님은 죽은 자 가운데서 다시 살아나 죄를 정복하셨고, 모든 사람에게 회개하고 자기의 이름을 믿으라고 명령하셨다. 하나님의 은혜로 회개하고 믿음을 갖게 된 사람들은 구원을 받고 성령으로 충만하게 될 것이다. 성령께서는 구속의 날까지 그들을 인쳐 보존하셨으며, 구속의 날에 모든 성도들은 그들이 처음 믿을 때 받은 영원한 생명 안에서 영원히 보존

될 것이다. 이것이 복음이다.

어떤 사람들은 우리가 그리스도의 복음으로부터 "졸업하는" 것이 가능하다고 믿게 만들려고 한다. 그들은 복음을 분유나 유아용 탁자 또는 운동화 끈을 묶는 법을 배우는 것과 별반 다르지 않은 것처럼 취급하면서 이제는 복음에서 벗어나 네 발로 걸으며 더 나은 것을 하라고 한다. 그러나 복음을 의지하지 않는 것은 곧 그리스도를 의지하는 데서 떠나는 것이다.

"그러므로 너희가 그리스도 예수를 주로 받았으니 그 안에서 행하되 그 안에 뿌리를 박으며 세움을 받아 교훈을 받은 대로 믿음에 굳게 서서 감사함을 넘치게 하라"(골 2:6, 7).

나는 복음을 믿음으로써 예수님을 환영하고 받아들였다. 내가 하나님을 본 것은 그분의 복음 안에서였고 복음을 통해서였다. 복음의 빛으로 밝아진 믿음의 눈으로 하나님을 볼 때 죄는 영광의 왕이신 주님과 비견될 수 없다. 그분의 죽음 덕분에 나의 죽음이 정복되고, 나아가 생명에 이르는 것을 방해하는 모든 것에 대해 내가 죽을 수 있게 되었기에, 이제 나는 내가 기꺼이 목숨을 바칠 만한 가치가 있는 분에게 시선을 고정시킨다.

제프 밴더스텔트Jeff Vanderstelt는 "복음의 역할은 죄 사함을 받게 하고 우리를 지옥에서 구원하는 것에 그치지 않는다. 예수 그리스도의 복음은 예수님을 죽은 자 가운데서 다시 살리신 성령의 능력

으로 온전히 새로워진 삶을 살아갈 수 있게끔 도와준다."라고 옳게 말했다.[6]

하나님이 자신의 복음의 박동이 고동치지 않는 또 다른 자유의 길을 허락하셨다고 생각하는 것이 과연 온당할까? 복음은 단지 예수님을 소개하는 것에 그치지 않는다. 나는 복음을 처음 받아들일 때와 같은 절박한 심정으로 그것을 항상 신뢰하고, 믿고, 묵상하고, 굳게 붙잡을 필요가 있었다. 내가 이 복음 안에 굳게 닻을 내릴 때 나는 하나님을 계속해서 붙잡고 있는 것이다.

존 파이퍼는 이렇게 말했다.

> 복음의 궁극적인 목적은 하나님의 영광을 드러내는 것과, 하나님의 영광을 우리의 가장 큰 보화로 여겨 즐거워하는 일을 방해하는 요소들을 모조리 제거하는 것이다. "네 하나님을 보라!"는 복음의 가장 은혜로운 명령이자 가장 귀한 선물이다. 만일 우리가 하나님을 우리의 가장 큰 보화로 여겨 즐거워하지 않는다면, 우리는 복음에 순종하지 않은 것이고, 복음을 믿지 않은 것이다.[7]

---

6. Jeff Vanderstelt, *Gospel Fluency* (Wheaton, IL: Crossway, 2017), 73.

7. John Piper, *God Is the Gospel* (Wheaton, IL: Crossway, 2005), 56.

성경을 통일성 있게 들여다보면 거기서 복음을 발견하게 된다. 창세기를 비롯해 희생 제사 제도, 성전, 선지자, 제사장에 관한 구약성경의 모든 내용이 신약성경과 그 마지막 책인 요한계시록(장차 예수님이 마지막 승리를 거두시고 정복자 왕으로 우뚝 서실 날, 곧 그분께 속한 자들이 죽임당하신 어린 양을 소리 높여 찬양하게 될 그날)을 가리킨다. 지금도 예수님의 신부인 지역 교회는 그분의 죽음과 장사와 부활을 계속해서 상기시킨다. 그들이 예수님의 승리를 찬양하고, 그분의 발아래서 기도하며, 그분의 아름다우심을 전하고, 그분의 살과 피가 우리 모두를 자유롭게 만들었다는 사실을 기념하면서 떡을 떼고 포도주를 마심으로써 예수님의 죽음과 장사와 부활을 상기시킨다.

하나님의 복음은 나의 생명을 구원했다. 하나님은 다른 사람들 안에서도 그와 똑같은 일을 행하셨다. 따라서 나의 생명은 다른 신자들과 함께 어울릴 때 하나님을 더욱 닮을 수 있다. 혼자 살려고 하면서 삼위일체 하나님을 닮을 수 있을 거라고 생각한 나는 도대체 무슨 생각을 했던 것인가.

11장

● ● ●

2008년-2014년

"이제는 여자가 된다는 게 어떤 느낌인지 잘 모르겠어." 거울 앞에서 시간을 보내면서 나는 나의 여자 같은 모습이 이미 없어져 버린 것을 알아차렸다. 속눈썹은 여전히 짙고 길었지만 완고한 눈빛이 이전에 살짝살짝 드러나곤 했던 예쁜 모습을 무섭게 해서 쫓아내 버리는 것을 막지 못했다. 그 눈빛을 보니 나조차도 더럭 겁이 났다. 나를 바라보고 있는 이 사람은 과연 누구일까? 둘은 서로 비슷하게 닮았다. 코는 전에도 본 적이 있는 코였고, 눈은 "내게 상처 주지 마. 그렇지 않으면 나 무슨 짓을 할지 몰라."라고 말하는 것처럼 느껴지는 눈이었다. 어머니와 아버지의 얼굴에서도 본 눈이었지만 거울에 비친 나의 눈은 그분들의 피가 조금도 섞이지 않은 듯 보였다. 그분들에게는 딸이 있었지만 내 눈앞에 서서 나를 바라보고 있는 사람은 가족 사진에서 본 그 소녀가 아니었다. 과연 그녀는 여전히 그 소녀일 수 있을까?

로스앤젤레스로 이사하기 일 년 전, 그러니까 내 안에서 성령의 역사가 일어나고 얼마 지나지 않은 어느 날, 나는 여자 친구와의 관계를 청산하기 위한 고통을 겪어야 했다. 그녀가 우는 소리가 너무 커서 듣고 있자니 마음이 몹시 착잡했다. 마침내 그녀가 눈물을 닦는 소리가 들렸다. 그녀는 고통의 감정을 어느 정도 토로하고 나서는 몹시 혼란스러운 표정으로 입을 열어 "왜? 왜 이래야 하는데?"라고 말했다. 그녀가 그렇게 묻는 것은 너무나도 당연했다. 그녀는 내가 자기를 얼마나 끔찍하게 사랑했는지를 잘 알고 있었다. 그녀가 곁에 있을 때면 내 얼굴은 어린아이처럼 변했고, 양쪽 볼은 빨개지지 않으면서 눈만 튀어나올 듯 크게 뜨는 방식으로 수줍은 마음을 감추려고 애썼다. 그녀가 그런 나의 모습을 직접 본 적은 없지만 그녀는 그런 내 마음을 훤히 꿰뚫고 있었다.

하나님의 거룩한 사역이 없었다면 그녀와 우리와 우리의 사랑을 떠나는 것이 불가능했을 것이다. 그녀는 나의 여인이자 나의 우상(신성을 조금도 갖추지 못한 자격 없는 신)이었다. 그녀는 예수님이 빼어 내버리라고 말씀하신 눈이었고, 찍어 내버리라고 말씀하신 손이었다(마 5:29, 30). 그것은 몸의 일부를 제거하는 것만큼이나 고통스러운 일이었지만 나의 영혼을 잃는 것보다는 그녀를 잃는 편이 더 나왔다.

나는 울먹이는 목소리로 "나는 그저…이제 하나님을 위해 살아야 해."라고 대답했고, 그것으로 우리의 관계, 나를 멸망으로 이끄는 일에 종지부를 찍었다. 전화를 끊고 난 후 나의 정체성은 새로워졌다. 나는 거울에 비친 나를 바라보면서 내가 나의 이전 모습을 어떻게 잊고 살아왔는지를 생각했다. 내 앞에 서 있는 사람은 나의 어머니나 그녀가 기른 딸과 조금도 닮은 구석이 없었다. 전날 밤에 하나님을 뵈었던 경험 안에서, 나는 또한 내 안에 있던 소녀가 어디로 가 버렸는지, 그녀가 다시 되돌아올 수 있을지 알고 싶었다. 나는 이제 여자가 되는 방법을 까맣게 잊고 있었다. 솔직히 "내가 그 방법을 한 번이라도 옳게 알고 있기나 했던가?"라는 생각이 들었다.

————

새로워진 지 일주일이 지났지만 겉으로는 많은 사람이 그런 변화를 의식하지 못했다. 나는 여성용품 코너에서 살 수 있는 물건을 몸에 지니지도 않았고, 또 그렇게 하고 싶은 생각도 없었다. 나는 과거의 나를 드러낼 수 있는 것을 살 만한 여유가 생길 때까지는 이미 가지고 있는 것으로 내 몸을 치장했다. 작은 것에서부터 시작하기 위해 처음에는 브래지어를 하나 샀다. 그것은 하나님이 내게 주신 가슴을 숨기지 않고, 오히려 그것을 잘 나타내 보일 만한 브래지어였다. 남성용 사각팬티는 편하기는 했지만 이제 내게는 전혀 쓸모가 없었다. 나는 매일 아침 그것들을 치워버리고, 여성용 속옷을 입었다. 그랬더니 걸음을 걷는 방식과 몸놀림이 달라졌다. 내가 하루를 시작하던 거친 방식이 차츰 부드러워졌다. 여성들이 겉옷 아래에 입는 옷을 입는 것과 같은 작고 은밀한 일을 하자, 잊혔던 소녀가 내 안에서 조금씩 되살아나기 시작했다. 그것은 매일 치르는 회개의 의식이었다. 곧 나머지 하루를 위한 긴 줄의 맨 첫 번째에 위치한 도미노였다. 이것은 나 외에는 아무도 알지 못하는 변화였다. 그러나 무엇인지 정확히 짚어내지는 못해도 모두들 내가 뭔가 달라졌다는 것을 알 수 있었다.

나는 보통 때처럼 약간 짜증스러운 기분으로 "포에버21"(미국 로스앤젤레스에 본사를 두고 있는 패션 기업—역자주) 앞에 섰다. 남들 모르게 속옷을 약간 바꾼 일은 이제부터 일어날 일에 비하면 그야말로 아무것도 아니었다. 이 매장에서 옷걸이에 걸려 있거나 선반에 잘 접어져 있거나 한 번씩 시험 삼아 걸쳐 보거나 구입하거나 반품되는 것들은 모두 셔츠 모양으로 형성된 직물 이상의 의미를 지녔다. 그것은 새로운 정체성, 곧 나를 세상에 소개하는 새로운 방식이었다. 여성들이 큰 미소를 머금고 꼬리를 물고 들어와서는 기꺼이 비용을 치르고, 밝은 노란색 쇼핑백에 자신들의 여성성을 담아

갔다. 그들을 즐겁게 하는 정상적인 삶이 그곳에서 자연스레 이루어졌다. 꽃무늬가 그려진 여름용 원피스나 엉덩이를 돋보이게 만드는 찢어진 스키니 청바지를 사는 것은 엄청난 업적도 아니고, 여성성을 다시 주장하는 대단한 행위도 아니었다. 그것은 그들이 익히 알고 있는 바 여자가 된다는 것에 관한 일이었다. 여자들은 의례히 그런 것을 좋아하기 마련이었지만 나는 그런 일과 무관했었다.

그 모든 광경을 지켜보고 있자니 옷을 들키지 않게 감춰 들고는 아무도 찾을 수 없는 곳으로 도망치고 싶다는 생각이 들었다. 물론 그렇게 한다면, 자신의 몸에 대해 확신이 없고 하나님이 자신에게 그런 몸을 허락하신 이유를 확신하지 못하는 불안정한 여성은 당면 문제를 정면으로 대처하는 대신에, 혼란 중에 남아 있게 될 것이 너무나도 뻔했다. 그 순간, 내가 지금까지 이보다 더 어려운 문제를 많이 겪어 왔다는 생각이 들었다. 내 영혼의 연인이 되시는 분을 위해 내 일생의 사랑을 포기했는데, 옷을 바꿔 입는 것이 제아무리 어렵더라도 생각만큼 끔찍하지는 않을 것이라는 생각이 들었다.

내가 들고 있는 밝은 노란색 쇼핑백 안에 양쪽 면에 붉은 장미가 그려져 있고, 대리석 색깔의 단추가 달린 푸른색 긴 팔 셔츠, 스키니 청바지, 얇은 실로 된 회색 니트 스웨터, 흰색 양모로 선

처리가 된 밤색 조끼가 담겼다. 마침내 내가 입을 수 있는 나의 옷이 생겼다. 이 옷들을 입는 것은 곧 또 다른 형태의 세례나 다름없었다. 물론 물이 나의 죄를 씻어 제거하지 못하는 것처럼 여성의 옷이라는 자연스러운 것 안에 나를 잠기게 하는 것만으로 과거에 내가 남성적으로 행했던 것들로부터 나를 한순간에 말끔히 씻어 깨끗하게 하지는 못할 것이다. 그것은 일종의 장식이었다. 그것은 한때 잃었던 여성성을 되찾았다는 사실을 알리는 상징적 외침이었다. 죽었던 그녀가 다시 회복되어 되살아났다. 되살아난 그녀는 창조 이야기에 역행했던 지난날과 같은 옷차림새에 의해 다시는 감추어지지 않을 것이었다. 그녀의 육체적인 특징을 중요하지 않게 만든 옷, 곧 내가 처음 태어났을 때의 모습과는 다른 모습을 연출하는 옷을 벗어 버린 것은 내 자신을 구원하려는 노력이 아니었다. 그것은 창조된 그대로의 내 본연의 모습을 스스로 상기하기 위한 행위였다.

　나에게 있어 여성성은 상당히 낯선 것이었다. 아마도 세상이 여성성을 정의해 내게 전해준 방식이, 그것이 처음 시작되었을 때 본래 의도된 것과 달랐기 때문인지도 모른다. 내가 말귀를 알아들을 만큼 충분히 성장했을 때 그것의 의미는 이미 본래와는 다르게 포장되어 있었다. 마치 말 전달하기 놀이처럼 하나님이 처음에 속삭이셨던 메시지가 그릇된 이해와 의도적, 우발적 편집을 거쳐 세상에서 여성으로 존재하는 것이 무슨 의미인지를 규정하는 일종의 왜곡된 공식이 되어 내게 전달되었다. 그러나 내가 그것을 전달받을 무렵에는 그것이 내게 적합한 것이 될 수 없다는 사실을 나는 알아차렸다. 사람들이 말하는 하나님이 사랑하시는 여성이란 땅바닥에까지 납작 엎드린 여성이었는데, 나는 그런 여성이 되기에는 너무 공격적이었다. 나의 성격은 너무 거칠었기 때문에 남성들이 결혼해서 자식을 낳고 싶어 하는 부드러운 여성과는 거리가 멀었다. 그런 여성들은 나와 조금도 비슷하지 않았다. 그들의 맑고 명랑한 목소리에서, 또는 방에 걸어 들어올 때의 우아하고 사뿐사뿐한 걸음거리에서 나와 닮은 특징은 단 한 가지도 발견하기가 어려웠다. 나는 성격이 너무 완고하고, 너무 비열하고, 고분고분하지 않고, 자기확신이 강하며, 너무 억세어 제압하기 어렵고, 분홍색과는 전혀 어울리지 않으며, 회색과는 너무 잘 어울리고, 눈에 띌 만한 특출한 면모가 없으며, 개성이 너무나 확실해서 모든 사람에게 여성으로 비치기에는 턱없이 모자랐다.

따라서 내가 자신이 누구인지 몰랐던 것은 조금도 놀라운 일이 못 된다. 나는 스스로 의식하지 못하는 사이에 하나님이 아닌 사회적 통념만을 생각하며 살아왔다. 세상 문화가 어설프게 그려내 논의하는 하나님이 아닌, 참 하나님은 나에게 여성성에 관해 말씀하실 때 정직하고 정확하실 것이 틀림없다. 그 이유는 그분이 여성성과 나를 창조하셨기 때문이다.

엘리자베스 엘리엇은 이렇게 말했다.

> 여성성의 의미를 이해하려면 하나님에게서부터 시작해야 한다.
> 만일 하나님이 "보이는 것들과 보이지 않은 것들을 모두 창조하
> 신 창조주"시라면 세상 만물, 곧 보이는 것들과 보이지 않는 것들,
> 거대한 것들과 작은 것들, 위대한 것들과 사소한 것들을 다 주관
> 하실 것이 틀림없다. 하나님이 전체적인 계획을 주관하시려면 그
> 세세한 부분들까지 모두 다 주관하셔야 한다.[8]

여성이 되는 것은 내가 배울 필요가 있는 일이 아니었다. 여
성은 이미 주어진 나의 정체성이었다. 여성성이 태도만을 포함할
뿐, 몸은 포함하지 않는다는 식으로 말하는 것은 전혀 바람직하지
않다. 하와는 여성처럼 행동하기 전에 이미 여자로 불렸다. 나는
생물학적으로 여성이지만 몸과 태도 모두를 통해 그리스도를 반
영함으로써 그것을 온전하게 발현하는 법을 배울 필요가 있었다.
하나님을 더 잘 알아 가게 되자 그분은 내게 그 방법을 분명하게
보여주셨다.

---

8. Elisabeth Elliott, *Let Me Be a Woman* (1976; Carol Stream, IL: Tyndale, 1999), 8.

주님이 예루살렘 성전 안으로 걸어 들어가셨을 때 벌어진 일이 기억난다. 한쪽에는 탁자들이 있었고, 그것들 뒤에는 눈을 크게 뜬 채 손을 잽싸게 놀리는 사람들이 있었다. 타지에 사는 사람들은 손을 내밀어 제각기 자기 나라의 동전들을 내주었다. 장사꾼들은 성전에 몰려온 사람들을 질서 있게 정돈해 더 많은 사람이 들어오게 할 생각으로 신속하고 재빠르게 움직이며, 고객들의 손에 다른 동전을 건네주었다. 그것은 사람들이 성전에 갖다 바칠 물건, 곧 희생제물을 살 수 있는 그 지역의 동전이었다. 사람들은 희생제물을 사기 위해 환전상들이 있는 곳에서 멀리까지 갈 필요가 없었다. 크게 낙담한 새들이 금속 우리에 날개를 부딪치는 소리가 들리는 쪽으로 단지 몇 걸음만 떼어 놓으면 그만이었다.

그들은 예배하기 위해 그곳에 왔으며 자기들과는 다르게 아무런 흠이 없는 희생제물을 하나님께 바칠 필요가 있었다. 그들은 흰 비둘기를 잡는 소리가 자신들이 지은 죄의 소란스러움을 잠재우고, 하나님의 귀에 아름다운 음악처럼 들리기를 소원했다. 그러나 막상 하나님이 그곳을 찾아오셨을 때 그분 앞에서 벌어지고 있던 광경은 할렐루야와는 거리가 멀었다. 그것은 천국의 소리가 아니었다. 성령으로 충만한 예수님은 환전상들이 여느 때처럼 일을 하고 있던 탁자가 있는 곳으로 걸어가셨다. 그분은 소경 두 사람의 눈을 고쳐주신 그 손으로 탁자를 강하게 잡아채 엎으셨다. 다양한 나라의 동전들이 튀어 오르며 번쩍번쩍 빛을 내었다. 비둘기를 파는 사람들도 자리에서 밀려 나서 자기들이 앉아 있던 의자들이 공중으로 튀어 오르는 것을 지켜봐야 했다. 거룩한 분노에 이끌린 예수님은 들을 귀가 있는 모든 사람에게 성전과 그 안에 있는 것들이 누구의 소유인지, 그곳에 합당한 행동은 무엇인지 분명하게 일깨워주셨다. 그것은 하나님의 소유였고, 그곳에 합당한 행동은 기도였다.

언뜻 생각하면 예수님은 비판받을 소지가 많으셨다. 성전에서, 그것도 사람들이 보는 앞에서 탁자와 의자를 뒤엎으신 것은 우리가 주일학교에서 배우는 "부드럽고, 온유하고, 친절하신 예수님"의 모습과는 판이했다. 그러나 그렇게 생각하는 것은 신성을 모독하는 것이다. 하늘과 땅에서 예수님이 성령의 열매를 맺는 것을 멈추신 적은 단 한 순간도 없으셨다. 그분은 심지어 성전을 뒤엎어 무릎꿇게 만들 만큼 큰 열정을 발휘하신 그 순간에도 온유한 마음을 잃지 않으셨다.

나 같은 여성이 생각할 때 그런 예수님의 모습은 온유함에 관한 통념을 깨부수는 것이었다. 하나님이 베드로를 통해 요구하신 온유함은 동네북 같은 사람이 되라거나 자신의 목소리를 내지 말고 감추는 여성이 되라는 의미가 아니다. 예수님은 성부 하나님과 진리에 대한 헌신의 열정에 이끌리셨다. 마찬가지로 여성들에게 주어진 명령, 곧 조용하고 온유한 심령을 지니라는 명령의 참뜻은, 순종이라는 이름으로 나의 기질을 죽이고 나의 참모습을 포기한 채 절름발이 같은 인생을 살아가라는 의미가 아니다. 오히려 그것은 하나님이 나를 만드신 대로 참 여성이 되어 진리에 닻을 내리고, 성령에 이끌려 살라는 의미였다. 성령에 이끌려 살면, 그분의 영광보다 나의 권리를 앞세우고자 할 때마다 겸손의 미덕이 내 마음을 지배해 그것을 고요하고 평화롭게 유지하게 해줌으로써 말하거나 행할 가치가 있는 일을 사랑으로 실천할 수 있게 해준다. 이 모든 일은 하나님께 속한 것이 인정받고, 존중받기를 바라는 깊은 열망으로부터 생겨난다.

온유한 여성이 된다는 것이 무슨 의미인지를 생각하다 보니 자기 생각만 고집하는 사람들이 내게 말해준 여성성에 관한 다른 오류들을 발견하는 데도 많은 도움이 되었다. 나는 성경에서 여성다운 여성이 되는 법을 찾아보았고, 그 결과 하나님이 나를 여성으로 부르신 의도를 발견하게 되었다. 여성성은 하나님의 형상에서부터 비롯된다. 참 여성성은 1950년대 폴라로이드 사진에 나오는 여성, 곧 잘 들릴 수 있게 큰소리로 말은 하면서도 자신의 지성을 드러내려고 하지 않고, 얌전하게 쿠키를 굽는 백인 여성의 모습이나 남성을 마치 목줄을 매지 않으면 제멋대로 구는 개 또는 부주의한 어린아이처럼 생각하고 그들을 닦달하느라 녹초가 된 여성의 모습과는 전혀 다르다. 스스로 "해방된 여성"을 자처하는 것도 하나님이 원하시는 여성성과는 아무런 상관이 없다. 예수님에게는 성전을 올바로 사용하는 것이 중요했다. 나의 여성성을 되찾으려는 열정도 그런 열정과 비슷할 것이라는 느낌이 들었다. 내가 여성으로서 이 세상을 어떻게 돌아다니느냐 하는 문제는 하나님에게 중요했다. 이런 사실은 내가 여자아이를 임신한 사실을 알게 되자 이전보다 더욱 중요해지기 시작했다.

———————

나는 신혼여행에서 아이를 가졌다.

내가 알던 유일한 남자와 한 몸이 된 지 5주가 지났을 때, 임신 테스트기에서 서로 대칭되는 두 개의 선이 나타나자 세상이 두 쪽으로 갈라지는 듯한 충격이 느껴졌다. 나는 새로운 성씨를 갖게 된 새 신부였고, 나의 과거가 나의 미래를 결정하는 절대적인 요인은 아니라고 확신했지만 한 아이가 그렇게나 빨리 내 인생에 개입하게 되리라고는 꿈에도 생각하지 못했다. 나는 내가 좀 더 자주 포용하는 법과 덜 숨죽여 우는 법을 충분히 배우고 난 뒤에 아이들이 생긴다면 그들이나 나에게나 더 좋을 것이라고 생각했었다. 의사가 내 몸 안에 여자아이가 자라고 있다고 말해준 그날 밤, 나는 펑펑 울었다.

"내가 딸을 임신했다고?" 어떻게 마음을 다잡아야 할지 고민스러웠다. 내 옆에 누워 있는 나의 남편은 마치 자기가 꿈을 꾸고 있는 동안에는 세상이 꿈쩍도 하지 않을 것처럼 깊은 잠에 빠져 있었지만 나는 앞날이 걱정되어 뜬눈으로 천장을 응시했다. 나는 내 딸이 내가 보여주는 여성성을 거울로 삼아 자신의 여성성을 확립하게 될 것을 알았다. 나의 말보다는 삶이 훨씬 더 중요할 것이 분명했다.

여성이라는 나의 정체성을 통해 하나님의 선하심을 구체적으로 보여주고, 겸손하게 행동하고, 순종하고, 침묵하고, 말하고, 사랑하면서 삶을 살아가는 나의 모습을 내 딸이 보고 배울 것이었다. 그날 밤, 갓 결혼한 새댁이자 머지않아 하나님의 형상으로 창조된 한 여자아이의 어머니가 될 나는, 내가 내 딸에게 나에 대해 무언가를 가르칠 수 있다면 선하신 하나님이 여자를 만드셨기 때문에 여자인 것이 곧 선한 것이라는 점을 가르쳐야 할 것이라고 다짐했다.

다음 날부터 나는 그렇게 살기 시작했다.

12장

• • •

2009년-2014년

그는 매력적이었지만 나는 별로 끌리지 않았다. 나는 왜 여성들이 그에게 가시와 엉겅퀴처럼 삶을 힘들게 하는 존재였는지 그 이유를 알 수 있었다. 나는 그리스도인이 된 지 1년 가까이 되었지만 남자들에게는 아무런 관심이 없었다. 만일 내가 결정할 수 있는 문제라면, 숨이 멎을 듯하게 만드는 남자를 보았을 때 여성들이 가슴 설레하는 그런 이상한 감정을 나도 가져보고 싶었을 것이다. 그런 여성들은 친구를 만나면 저 남자의 얼굴을 한 번 봐보라고 한다. 아마도 "저 사람 너무 귀엽지 않니?"라고 말할 것이다. 그리고 가만히 미소를 지으며 대답을 기다리면 곧 "정말 그러네!"라는 탄성이 들려올 것이다. 언젠가는 나도 친구들과 함께 똑같이 호감을 느끼며 서로 그런 대화를 나누게 되기를 바랐지만 그때가 오기 전까지는 단지 시카고에서 온 이 시인에 대해 알고 싶은 마음뿐이었다. 그의 이야기가 곧 나의 이야기를 상기시켜주었기 때문이다.

조용히 있는 사람은 아무도 없었다. 손가락을 튕기거나 손을 북 삼아 두드리는 소리가 났고, 방안이 온통 음악으로 가득했다. 탬버린은 보이지 않았지만 실제로 있는 것처럼 느껴졌다. 팔들이 천장을 향해 힘차고 거칠게 물결쳤고, 모두가 그들이 전달하고자 노력하고 있던 생명을 느꼈다. 때로는 웃음이 터졌고, 때로는 눈물이 흘러내렸다. 이곳에서 인간성이 숨 쉬고, 진리가 드날렸다. 이곳에서 우리는 진리는 부끄러움이 없음을 알아차릴 수 있었다. 진리는 우리 모두에게 자신의 정체를 드러냈고 우리는 진리를 사랑했다.

무대에 관심이 집중되었다. 하나의 마이크 뒤에는 대개 한 사람의 시인이 섰다. 이 예술가들은 언어를 장면으로 전환시켜 또 다른 세상을 어렴풋하게 보여주는 마법을 부렸다. 마이크 곁에 시카고에서 온 두 명의 시인이 섰다. 시카고는 나를 비롯해 대다수 사람에게는 또 다른 세상이었다. 그곳에서는 총알 구멍이 집들의 숫자보다 더 많고, 경찰관들이 자기 자신들 외에는 아무도 보호하지 않는다는 이야기를 들은 적이 있다. 어쩐 일인지 언젠가부터 그들은 아름다움에 대해, 그리고 예술의 도시 시카고에 대해 언급하는 것을 잊었다. 그 아름다움은 마틴, 알리, 버락, 미셸 등이 모두 한때 시카고를 고향으로 일컬었던 이유였다. 심지어 하나님도 그곳에 계셨다. 물론 그분에게는 주소가 없었다. 그분은 예루살렘에 머리 둘 곳이 없으셨지만 미시간 호숫가에 있는 대도시에 거하는 데에는 아무런 문제가 없으셨다. 그분은 미시간 호수와 그 도시의 경계 지역에서 수백, 아니 수천 명의 사람들을 불러내어 자기가 거하기에 충분히 거룩한 성전으로 만드셨다. 그런 그리스도인들 가운데서 두 명의 시인이 찾아와 로스앤젤레스의 무대 위에 올라섰다.

나도 시를 발표하기 위해 왔지만 내 앞의 사람들이 다 마칠 때까지 기다려야 했다. 청중이 크게 박수를 쳐 시인들을 환영해 맞이하는 동안, 나는 그들 가운데 한 사람에게 시선을 고정했다. 그는 약간 머뭇거리면서 마이크에 다가섰다. 성격이 소심해서가 아니라 자신의 피부색만큼 스스로를 잘 표현할 수 있을지 확신이 서지 않았기 때문인 듯했다. 그의 피부는 청중 모두를 깨우고도 남을 만한 강력한 카페인이 함유된 커피처럼 보였다. 그는 마침내 입을 열었고, 그 순간 나는 깜짝 놀라지 않을 수 없었다. 그의 목소리가 그렇게 큰 것은 전혀 뜻밖이었다.

나는 그가 말하는 모든 것에 집중하지 않을 수 없었다. 그는 자신의 과거와 관련된 시를 발표하고 있었다. 곧 그가 결코 결혼하지 않았던 수많은 여자들로 점철된 과거, 그중 일부에 대해서는 겨우 사랑을 느꼈었지만 모두와 육체적인 관계를 맺었던 그런 과거들이었다. 그런 그가 하나님의 은혜를 자랑스러워 하는 것이 명백했다. 그는 자신의 난잡한 이성 관계를 과거 시제를 사용해 말했다. 그는 자신이 했던 행동을 단 한 가지도 잊지 않았다. 그는 우리에게 하나님이 그런 자기를 생각하실 때 긍휼을 잊지 않으셨다는 사실을 알리기 원했다.

———————

프레스턴은 페이스북으로 자기가 쓰는 시에 대해 나의 조언을 구하는 메시지를 보냈다. 그것이 계기가 되어 우리는 서로 친구가 되었다. 우리는 각자 로스앤젤레스와 시카고에 살았지만 마치 우리의 도시가 불과 세 블록밖에 떨어져 있지 않은 것처럼 대화를 나눴다. 거의 매주 우리는 해 아래 모든 일을 이야기하며 늦게까지 앉아 있었다. 나의 아버지가 나를 떠난 일로부터 그의 어머니가 그는 결국 거리에서 인생을 종칠 것이라고 생각했던 이야기까지 온갖 이야기를 함께 나누었다. 그는 우스꽝스러운 이야기를 들려주기도 했다. 예를 들면, 그가 4학년 때의 일이다. 선생님은 화장실에 가겠다는 그의 말을 무시하고, 계속 말대답을 할 거면 멋대로 해보라고 말했다. 아마도 그녀는 자기 반에 두려움을 모르는 소년이 있다는 사실을 알지 못했거나 아마 알았더라도 크게 신경 쓰지 않았던 것이 틀림없다. 그는 자신의 삶에서 너무 많은 것을 보았기 때문에 정학 따위는 조금도 두렵지 않았다. 따라서 그는 반 아이들이 지켜보는 앞에서 바지춤을 내리고 연필깎이 밑에 있는 쓰레기통에 천연덕스럽게 볼일을 봤다. 그는 그 후로도 크게 달라지지 않았다. 성숙해지면서 반항적인 성질은 많이 억제되었지만 대담한 기질은 쉽게 사라질 기미가 보이지 않았다. 그가 들려주는 모든 이야기에서 그의 그런 기질이 느껴졌다. 그런 기질이 그의 혀끝에 머물렀다가 밖으로 흘러나와 들려주는 이야기들 가운데는 나를 비롯해 모든 사람이 두려워할 만한 것들이 많았다.

"남자들이 너를 겁내."

"왜 내가 터프해서?" 나는 내 억양이 질문보다는 되받아치는 것에 가깝게 들리더라도 전혀 신경쓰지 않고 말했다. 프레스턴은 전화기 화면을 두드리면서 자신의 주의력 결핍증을 다스릴 무언가를 찾으려는 듯 집게손가락을 위아래로 부지런히 움직였다. "잘은 모르겠는데 네가 좀 위협적이라고 말해. 그들은 너를 예쁘다고 생각하지만 가까이 다가가기가 겁난데."

나는 내가 원하는 숫자보다 더 많은 사람으로부터 내 얼굴이 다가가기 편해 보인다기보다는 엄숙하게 보인다는 말을 들었다. 그들은 내 눈에 관해 말하면서 내 눈이 내 입보다 더 많은 것을 말해주고 있다고 말하곤 했다. 그들은 내 눈이 누가 자기를 바라보든지 "꺼져!"라거나 "누가 너한테 가까이 다가오라고 했어?"라고 말하는 것처럼 들린다고 생각했다. 사실 그랬다.

그러나 내 눈은 사람들이 생각하는 것보다 더 많은 이야기를 간직하고 있었다. 물론 내 눈을 향해 왜 그런 식으로 보이느냐고 묻는 사람은 아무도 없었다. 만일 누군가가 그렇게 물었다면, 내 눈은 내가 들어본 목소리 중에 가장 차분한 목소리로 내게 말하던 아버지를 바라보던 때의 일, 곧 내가 아버지와 다시는 아무 말도 하지 않겠다고 말하는데도 그가 별로 중요하게 생각하지 않고 흘려 넘겼던 때의 일이나, 3학년 때 모든 학급 친구들이 여덟 살 된 깡패들로 변해서 나와 나의 머리와 이빨 사이의 틈과 피부색과 얼굴을 놀림감으로 삼았던 일이나, 또 양팔에 얼굴을 파묻고 울거나 "쟤네들이 왜 나를 가만히 내버려두지 않는 거지? 이미 내게 상처를 줄 대로 주었다는 것을 왜 모르는 거지?"라고 생각하며 힘들어하는 나를 괴롭혔던 일을 말해주었을 것이다. 나의 눈은 내가 더 이상 미소를 짓지 않는 이유를 잘 알고 있다. 나는 내가 허약하다는 사실을 발견하는 순간 사람들이 나를 상대로 저지르게 될 일이 두려웠다. 프레스턴은 산만한 손놀림을 멈추고, 자기 오른편에 있는 선홍색 소파 위에 앉더니 무덤덤한 말투로 말했다. "그건 어리석은 생각이야. 나는 네가 겁나지 않아. 나는 네가 쿨하다고 생각해."

프레스턴은 그런 것이 그를 남들과 다르게, 즉 독특하고, 특별하게 만드는 것임을 의식하지 못했다. 하나님이 나를 보신 것처럼 그도 나를 그렇게 보았다. 그는 나를 자기 힘으로 짊어질 수 있는 것보다 더 많은 짐을 짊어진 채 어딘가로 가고 있는 한 여성으로 바라본 것이다. 그는 나의 길동무가 되는 것을 두려워하지 않았다. 그의 남성성은 나의 복잡한 여성성과 접촉했는데도 아무런 발작을 일으키지 않았다.

프레스턴이 다르다는 것은 알아차리기 어려운 일이 아니었고, 나 자신이 남성들에 관해 일반적으로 최선의 것을 기대하고 있다는 사실도 알아차리기 어려운 일이 아니었다. 물론 내게 그런 것은 별로 어울리지 않았다. 모든 남자가 나를 성추행한 소년이나 나를 무책임하게 대한 아버지와 조금도 다르지 않다고 생각하며 지내온 내가 아니던가. 그러나 프레스턴은 남성의 또 다른 측면을 내게 보여주었다. 나는 프레스턴의 동정심에 놀란 적이 여러 번 있었다. 그는 자신 외에 다른 사람들에게까지 진정한 관심을 기울였다. 남자가 사랑할 줄 알고, 다른 사람들을 포용하는 마음씨와 다른 사람들에게 중요한 것들을 염려할 줄 아는 배려심을 지니고 있을 줄 그 누가 알았으랴? 그는 다른 사람들의 생일과 중간 이름과 지난주에 드린 기도를 기억했고, 월요일 아침이면 마치 일하러 가기 전에 다른 사람들을 위해 하나님께 기도하기를 막 끝내고 나온 사람처럼 다정스레 잘 지내느냐며 인사말을 건넸다. 나는 자기가 말한 것을 실천하는 남자는 예수님밖에 없다고 생각했었다. 그러나 프레스턴은 말로 이루어지지 않은 설교 그 자체였다. 그의 성품은 고통이 쌓아 올린 마음의 벽, 곧 두려움은 안에 보관하고, 아름다운 것은 밖으로 쫓아냈던 벽을 서서히 허물어뜨리기 시작했다. 그러자 나의 마음은 숨을 깊이 들이켰다가 그에 대한 애정의 감정을 짙게 뿜어내기에 이르렀다. 그런데 나는 그런 현실을 어떻게 감당해야 할지 몰랐다.

———————

"산토리아, 내가 프레스턴을 좋아하는지도 모르겠어요." 그렇게 말해놓고 보니 이상하게 들렸다. 마치 처음으로 사랑을 고백하는 말처럼 들렸기 때문이다. 내가 그녀에게 그렇게 말한 이유는 조언을 구하기 위해서가 아니라 그런 감정을 없애는 법을 가르쳐주기를 원해서였다. 나는 그런 감정이 거룩하지 못한 데서 비롯한 것일 수도 있고, 그것이 아니라면 도덕적인 원인과는 다른 원인, 곧 단지 내가 지루한 까닭에 생겨났을 수도 있다고 생각했다.

당시는 내가 그리스도인이 된 지 거의 3년이 지난 때였다. 누군가를 사랑하고, 온종일 그 사람과 문자를 주고받고, 중요한 일이나 중요하지 않은 일이나 무엇이든 말하고, 전화기를 바라보며 미소를 짓는 모습을 친구가 보고는, 그 사람의 이름이 무엇이냐고 묻는 상황이 어떤 느낌인지 궁금했는지도 모른다. 어쩌면 나의 마음은 그가 아닌 그런 것을 원했을 수도 있다. 만일 그렇다면 나의 관심을 쉽게 다른 곳이나 다른 것, 곧 책이나 시나 아무런 설렘도 없는 것에 돌릴 수 있을 것이다. 그러나 만일 그것이 그에 대한 관념이 아니라 그 사람 자체를 진정으로 원하는 것이라면 나는 내가 기억하는 한 내 속에 오랫동안 존재해 온 두려움에 대해 죽어야 할 것이다.

"그에 관해 하나님께 말씀드려봐요." 산토리아가 말했다. 그녀는 무슨 일이든 하나님과 관련시켰다. "또 다른 동기가 숨어 있다면 하나님이 보여주실 테고, 그 감정이 진정한 것이라면 그분이 도와주실 거예요." 나는 그 말대로 했다.

프레스턴에게 나의 감정에 대해서는 한마디도 하지 않고, 오직 하나님께만 기도하며 1년을 보냈다. 그동안에 우리는 주로 시카고나 로스앤젤레스에서 시 발표가 있을 때를 이용해 자주 만났다. 우리는 달이 기울 때까지 밤새 웃고 떠들다가도 갑작스레 신학에 대한 논의로 화제를 돌렸고, 나중에는 어린 시절의 이야기를 서로 교환했다. 또한 그런 이야기들은 아직 실현되지 않은 꿈에 대한 논의로 이어지기도 했다.

시간도 상당히 흘렀고, 하늘을 향해 기도도 줄곧 올렸기 때문에 나는 1년 전에 느꼈던 사랑의 감정이 사라질 것이라고 생각했다. 그러나 그 감정은 오히려 더 커졌다. 물론 그렇다고 해서 잡초처럼 자라지는 않았다. 잡초는 내 마음속에서 일어나고 있는 일을 묘사하기에는 너무 흉하고, 온당하지 않다. 이 감정의 성장은 일전에 니키 지오바니가 장미에 관한 시를 쓰면서 표현한 것과 비슷했다. 그녀는 장미가 콘크리트에서 자라났다고 썼다. 하나님이 나의 마음을 부드러운 살로 바꾸어 주지 않으셨다면 내 마음은 온통 콘크리트로 되어 있을 것이다. 콘크리트에서 장미가 자라리라고 예상하기 힘든 것처럼, 내 마음에서 그런 것이 자라리라고 세상은 꿈에도 생각하지 못했겠지만 어쨌든 그것은 자라났다. 그것은 하나님이 허락하셔서 된 것이 아니고 오직 하나님의 은혜로 된 것이다. 흙에서 아름다운 것이 나오게 만드는 것과 같은 그런 이상한 일은 오직 하나님만이 하실 수 있다. 하나님은 전에도 그리스도의 육체로 그런 일을 하셨고, 지금은 나의 육체 안에서 그런 일을 하셨다. 마치 콘크리트에서 피어난 장미처럼 한 남자를 향한 사랑이 자라나게 하신 것이다.

그는 아무 남자나 모든 남자가 아닌 프레스턴이라는 이름의 남자였다. 이 감정은 처음에는 남자라는 이성이 아닌 그 사람에 대한 관심에서부터 시작되었다. 그에 대한 나의 감정은 결과적으로 그의 모든 것(그의 인격과 남자다움)을 원하는 욕구로 발전되었다. 꽃은

애초부터 자라는 토양 자체가 다르다고 생각하는 데 익숙한 사람들이 보기에는 참으로 이상하고, 이해하기 어려운 일일 테지만 그것은 항상 아름다운 감정이었다.

나는 내가 프레스턴 때문에 하나님께 기도하고 있다는 사실을 누군가에게 들킬까봐 항상 조마조마했다. 나는 그런 사실을 은연중에 몸짓으로 드러내지 않게 하려고 무진 애를 썼다. 친구들의 잇몸이 그들의 감정을 드러내는 것을 본 적이 많다. 좋아하는 남자를 향한 미소 하나로 그들의 모든 비밀이 훤히 드러났다. 나도 그가 가까이 있을 때는 감정을 숨기기가 어려웠다. 그를 오랫동안 바라보고 싶은 유혹을 느꼈고, 내 손을 그의 손 가까이에 두고 싶었으며, 헤어져야 할 시간이 되려면 아직 멀었는데도 포옹을 원했고, 또 "안녕!"이라고 말하고 나서 한참이 지났는데도 포옹한 채로 그대로 있고 싶었다. 포커페이스를 더 이상 유지하기가 힘들어서 어느 날 밤 집에 돌아와서는 하나님께 그 사실을 고백했다.

나는 카드놀이를 할 때와 같은 자세로 침대 위에 앉아 "하나님, 저와 프레스턴에 대한 하나님의 뜻이 무엇인지 알 수 없지만 우리가 함께하는 것이 주님의 뜻이라면 그도 나를 원하는 마음을 갖게 해주세요. 그러나 만일 그것이 주님의 뜻이 아니거든 제게 자제력을 허락하셔서 그를 그리스도 안에서 한 형제로 대할 뿐, 그에게 빠져들지 말게 해주세요."라고 기도했다. 하나님은 내 기도를 들으셨고, 이미 내가 구하기 몇 주 전에 응답하셨다. 하나님은 프레스턴이 나를 두고 기도하도록 역사하셨다. 그가 아내를 구하는 기도를 드릴 때 하나님은 그에게 나를 보여주셨다. 하나님은 그에게 우리가 서로에 대해 이전에 생각했던 것 이상의 의미를 지닌다고 알려주셨고, 다음 단계는 그의 생각을 있는 그대로 내게 전하는 것임을 가르쳐주셨다. 그는 그대로 행동에 옮겼다.

그의 목소리가 그렇게 불안정하게 들린 것은 처음이었다. 누군가가 교통량이 많은 거리를 건너는 듯한 광경이 생각났다. 그런 사람은 자동차들이 달려오는 것을 느끼면서, 오로지 앞만 보고 계속해서 신속하게 걷는 것만이 살 길이라고 생각한다. 프레스턴은 미지의 영역으로 걸어 들어가고 있었다. 그는 내가 자기를 바라보는 것을 좋아한다거나 내가 자기의 손길을 느끼고 싶어 한다거나 원할 때마다 껴안을 수 있게 되기를 바란다는 것을 눈치채지 못했다. 그가 아는 것이라곤 내가 자기의 관심을 사로잡은 유일한 여성이라는 것뿐이었다. 그는 방으로 걸어 들어가는 나의 걸음걸이를 보고도 겁내지 않았다. 그가 아는 것은 그가 나의 얼굴과 나의 마음을 좋아한다는 것뿐이었다. 그는 내가 말하는 것을 듣기를 좋아했고, 나의 말을 신뢰했다. 그는 내가 정직하다는 것을 알았다. 그는 거짓말하는 여성은 자기의 마음을 줄 가치가 없다는 것을 알았다. 그의 육체를 본 여자는 많았지만 그의 마음은 밖으로 드러난 적이 없었다. 그러나 하나님은 그에게 마음을 드러내라고 말씀하셨고, 그는 그렇게 했다.

————

내가 전쟁을 알았다면 관계를 이끌어 나아가는 것도 분명 전쟁이라고 말할 것이다. 나는 전쟁을 한 번도 겪어보지 못했다. 누군가의 할아버지로부터 생생한 전쟁 경험담을 들어볼 기회조차 없었다. 전쟁 때문에 한밤중에 잠에서 깨고, 천둥이 치면 적군이 자신이 숨어 있는 곳을 발견한 것 같은 생각이 들고, 창문에 빗방울이 부딪치는 소리가 마치 총알들이 날아와 박히는 소리처럼 들리고, 첫 아이가 태어날 때도 머릿속에서 어떤 소리들이 뒤죽박죽되어 들리고, 때로는 다른 방에서 들리는 소리가 산통의 울부짖음인지 아니면 자기 소대에 속한 군인이 다리를 잃고 울부짖는 소리인지 분간하기 어렵고, 때로 눈을 너무 오래 감고 있으면 어둠 속에서도 무엇인가 끔찍한 광경, 곧 고등학교를 갓 졸업한 나이였을 때 전쟁에 참여하여 시체들을 넘으며 전진해야 했던 기억을 일깨우는 것들이 보이며, 자신이 원하는 것은 엄마를 부르고 엄마 목소리를 듣는 것이었지만 국가는 국가적 대의를 위해 젊음을 바치라고 요구하고…이러한 것이 전쟁 중에 겪게 되는 일들이다. 내가 가진 의문점은 이것이다. "어떻게 잠자는 것보다 죽음을 더 많이 보았는데도 그가 정상적으로 행동할 것을 기대할 수 있나? 왜 우리는 그가 어둠을 두려워하지 않고, 전쟁을 떠올리게 하는 것이 아무것도 없는 것처럼 평범한 삶을 영위해 나갈 것을 기대하는가?"

하나님이 내 기도에 응답해 주셔서 나는 너무나도 감사했다. 나와 프레스턴이 서로에게 느끼는 감정이 솔직하게 드러난 것이 참으로 기뻤다. 그러나 그 일로 인해 예기치 않았던 일이 내 안에서 일어났다. 그가 나의 친구였을 때는 내 생각과 내 방식대로 나를 보여줄 수 있었다. 서로 어느 정도 거리감이 있었음에도 불구하고, 그는 내 아버지의 이름과 내가 주말에 먹고 싶어 하는 것은 물론, 심지어 내가 조용히 숨죽여 우는 이유까지 알 수 있었다. 그러나 새로운 관계, 즉 연인으로서 좀 더 의도적인 관계에 들어가게 되자 나는 은근히 겁이 났다. 심지어 생각으로도 그것을 통제하기가 어려웠다. 프레스턴이 다르게 보였고, 의심이 생겨났다. 그는 더 이상 내 친구가 아니었다. 그는 위협적인 존재가 되었다. 그 이유는 그가 남자이기 때문이었다. 남자들은 사물들과 사람들과 나를 다치게 했다. 그들은 항상 그랬다. 그들은 늘 자기가 손대는 것에 상처를 주었다. 남자들이 세상에 태어난 것은 오로지 여자들의 등골을 빼먹기 위해서인 것 같았다. 마치 여자들에게 준 갈비뼈를 되찾게 해달라고 하나님께 떼거리를 쓰는 것 같았다. 남자들은 여자를 더 많이 찢어발길수록 자기 자신을 되찾을 가능성이 더 커지는 것처럼 생각하는 듯 보였다. 나는 프레스턴이 그런 힘을 갖고 있지 않기를 바랐다. 그러나 그에게서도 그런 힘이 똑같이 느껴졌다.

그의 구애에 "좋아"라고 대답하는 순간부터 우리 사이에는 전쟁이 시작되었다. 나는 그의 사랑을 받아들이는 법을 알지 못했고, 그는 그것을 주는 법을 알지 못했다. 그가 로스앤젤레스에서 만난 여성은 전에 같이 식사하면서 대화를 나누던 여성과 동일한 여성이 아니었다. 그녀는 어딘가로 가버린 것이었다. 이제 그녀를 되돌아오게 하려면 매우 일관성 있는 관계적 노력이 필요한 참이었다. 항상 두려워서 말하지 못했던 말을 새롭게 배우는 것처럼 나는 모든 것이 너무나도 불편했다. 내가 원한다고 생각했던 포옹도 나를 움츠러들게 했고, 그가 내 팔로 안아 끌어당길 수 있는 여성이 아니었기 때문에 그를 안는 방식을 다르게 고치는 것도 나를 성가시게 했다. 그는 대신 "네 팔을 여기에 올려놔."라고 말하는 듯 보이는 어깨와 튼튼한 등판을 가진 장성한 남성이었다. 그의 손도 내 손보다 컸다. 그의 손은 내 등의 골진 곳에 부드럽게 와닿았다. 마치 내 몸은 그렇게 안아야 한다는 것을 아는 듯이. 그런데 그것이 사랑스럽거나 감미롭게 느껴지지 않았고, 오히려 조롱하는 것처럼 느껴졌다. 마치 자기가 나보다 더 강하다는 것을 상기시켜주는 것 같았다. 또한 그는 어머니의 몸에서 의지할 만한 따뜻한 곳을 찾는 어린아이처럼 내 어깨뼈 옆에 머리를 두었지만 내가 느끼는 것은 내 턱을 스치는 그의 얼굴에 난 털의 촉감뿐이었다. 나는 그것을 내게서 밀쳐내 버리고 싶은 강렬한 충동을 느꼈다. 나는 여성을 안을 때의 느낌과는 너무나도 다르다는 생각을 하곤 했다. 무심하고 잘난 체하지 않는 느낌을 주며 여성의 얼굴은 테스토스테론의 흔적이 전혀 보이지 않았었다. 나는 이 모든 것을 끝내고 싶은 마음이 간절했다. 그 모든 경험이 그렇게 복잡해서는 안 되었다. 나는 내가 알지 못하는 큰 모험에 뛰어든 셈이었다.

───────

시 발표회에 초대받은 우리 두 사람은 함께 트리니다드로 떠났다. 데이트를 시작한 지 다섯 달이 지났건만 더 쉬워진 것은 아무것도 없었다. 우리는 함께 교회의 몇몇 지도자들에게 상담을 받았다. 특히 나는 그 모든 혼란 속에서 은혜를 발견하도록 도와줄 조언을 구하려고 따로 또 상담을 받았다. 나는 비영리 기독교 단체에서 일하기 위해 시카고로 거처를 옮겼다. 프레스턴을 만나는 횟수가 잦아지면서 관계로 인해 발생하는 다툼을 처리하는 일에도 차츰 익숙해졌다. 함께 걸어갈 더 넓은 길을 찾기를 주저하면서도 우리가 계속해서 서로에게 충실했던 이유는 비록 관계가 삐걱거려도 우리가 서로 함께하는 것이 하나님의 뜻이라는 것을 알았기 때문이다. 그동안 하나님을 알고 지내오면서 그분이 나를 생명으로 부르셨을 때는 언제나 시련이 뒤따른다는 것을 분명하게 깨달았다. 이 경우에도 하나님은 뭔가 좋은 일을 하고 계신 것이 틀림없었지만 겉으로 느끼기에는 아직 온통 나쁜 것만 가득했다.

그 섬에서 나는 몹시 절망스러웠다. 끈질긴 유혹에 시달렸기 때문이다. 낮에는 나의 기억 속의 과거 유령들이 출몰해서 죄로 인해 죽은 상태가 얼마나 기분 좋은 것인지 슬며시 속삭였다. 때로는 그런 말을 믿지 않는 것이 쉽지 않았다. 하나님보다 여자들이 더 매력적이지 않느냐는 속삭임을 믿기를 거부하는 것도 쉬운 일이 아니었다. 하지만 나는 그런 생각이 옳지 않다는 것을 알고 있었다. 밤에는 꿈속에서 시달리기도 했다. 기도와 성경 읽기와 신앙고백을 통해 나의 마음에서 쫓아냈던 것들이 해가 지면 복수를 감행하듯 다시 찾아왔다. 잠을 잘 때마다 여자 친구가 보였다. 그녀의 목소리가 들렸고, 그녀가 그리웠다. 잠에서 깨어 또 하루를 열심히 싸워봤자 그것은 절반의 싸움에 지나지 않았다. 싸움을 시작하기 전에 밤에 내가 본 것을 모두 잊는 것도 그만큼의 용기가 똑같이 필요했다.

나의 믿음으로는 그런 식의 무자비한 공격에 맞서기가 불가능했다. 나의 믿음은 너무 많은 것을 너무 자주 부인하느라고 나날이 약해져 갔다. 나와 프레스턴은 시 발표회를 마치고 함께 나란히 앉아서 NBA 결승전을 지켜보았다. 그는 내가 짙은 먹구름에 휩싸여 있는 것을 이미 눈치채고 있었다. 그는 그것을 더 이상 모르는 척할 수가 없었다. 나의 행동 하나하나에서 그를 향해 뿜어져 나오는 노기가 그에게로 고스란히 전해졌다.

"도대체 무슨 일이니? 왜 내게 그렇게 심술궂게 행동하는 거야?"

화가 난 듯한 목소리였다. 몇 달 동안 이어진 나의 전투적인 행동이 마침내 그를 자극한 것이었다. 나는 목소리를 높이지 않고 재빨리 대답했다. "그거 알아? 나는 내가 왜 당신하고 함께 있는지 그 이유조차 모르겠어."

희망은 사라지고 불신만이 가득한 말투였다.

"당신과 함께 있는 것을 원하지 않는데도 왜 내가 여자들과 함께 있지 않는 것인지 그 이유를 모르겠어."

일주일 내내 그런 생각을 품어 온 나는 더 이상 그런 의구심을 감추기가 어려웠다.

하나님이 우리가 함께 있기를 원하셨다면 그분이 그 일을 해주셔야 한다. 왜냐하면 나로서는 할 수 없는 일이기 때문이다. 나는 세상과 그 안에 있는 모든 사람을 창조하거나 태양을 붙들어 지탱하거나 겸손한 자를 높이거나 홍해를 가르거나 문둥병자를 치유하거나 죽은 자를 살릴 능력이 없었다. 천사가 나의 어머니에게 하나님을 낳을 것이라고 고지한 적은 없었다. 나의 아버지는 온 하늘이 찬양하는 그런 존재가 아니다. 만일 내가 하나님이라면 동성애자였다가 그리스도인이 된 여성이 한 남자를 사랑하게 만드는 불가능한 일을 할 수 있겠지만 나는 하나님이 아니라서 그렇게 할 수가 없었다. 따라서 나는 포기했다.

———————

시카고로 돌아온 후에 나는 우리의 관계가 영원히 끝난 줄 알았다. 남자가 그런 일이 있고 나서 다시 되돌아올 가능성은 거의 없었다. 나는 우리의 관계를 깨뜨렸고, 한편으로는 약간의 안도감을 느꼈다.

　나의 첫 번째 이성 관계는 내가 생각했던 것보다 더 어려웠다. 신경을 쓸 일도 없고, 이유를 설명할 필요도 없는 자유로움이 나를 기분 좋게 만들었다. 그러나 자유로움보다 죄책감이 더 무거웠다. 어떻게 내가 사랑하기를 원했고, 또 사랑했던 남자의 마음을 무참히 짓밟아 놓을 수가 있었을까? 그는 단지 빠르게 질주하는 열차 앞에 누워 있거나 그를 내 인생 밖으로 날려 보내기 위해 준비된 총구 앞에 뛰어든 죄밖에 없었다.

나의 과거가 나만이 아니라 우리를 괴롭혔다. 그것은 나는 물론, 우리까지 놔주려고 하지 않고, 나를 그리고 이제는 우리를 다시 되찾으려고 했다. 내가 그렇게 하게 한 것이었다. 여러 가지 점에서 그렇게 할 수밖에 없었다. 내가 한 번도 대화를 나눠 본 적이 없는 할아버지가 눈만 감으면 전쟁을 떠올릴 수밖에 없었던 것처럼 나도 프레스턴의 눈을 볼 때마다 전쟁을 떠올리지 않을 수 없었다. 그러나 나는 그 눈과 그것이 내게 그토록 간절히 원했던 평화조약을 외면한 채 발길을 돌렸다.

때는 정오였다. 그때까지도 나는 프레스턴에게 아무런 연락도 취하지 않았다. 당시에 내가 했던 일은 기도의 방에 들어가는 것이었다. 그 방은 신령한 분위기와는 무관했다. 소파와 성경이 눈에 띄는 유일한 장식물이었다. 나는 친구에게 상처를 입혔다는 생각 때문에 무거워진 지친 영혼의 무게를 느끼며 자리에 앉았다. 나보다 더 큰 고통은 자연스럽게 내 몸 안에 갇혀 있거나 오랫동안 그 안에 머물러 있을 수가 없었기 때문에 여러 방향으로 조금씩 새어 나오기 시작했다. 고통이 내 가슴까지 치고 올라오자 바람에 불길이 치솟는 듯한 소리가 들렸다. 나는 호흡을 가다듬으며 그것을 내 안에 간직하려 했지만 오히려 그것을 키우는 결과를 낳았다.

내가 미처 의식하기도 전에 고통은 내 무릎 위에 떨어졌다. 그것은 내 눈을 통해 빠져나가 내 얼굴에 도달했다. 나는 다른 것들을 더럽히지 않으려고 그것을 붙잡아 두기를 바라며 양손으로 얼굴을 감쌌지만 계속해서 여기저기로 사정없이 흘러내릴 뿐이었다. 하나님을 생각하고, 그분이 나를 사랑하라고 보내주신 아들에게 내가 저지른 일을 생각할 때마다 그것은 제어하기가 더 어려워지면서 더 빠르게 퍼져나갔다. 바로 그때 전화기의 진동음이 울렸다. 순간적으로 무언가에 찔렸을 때 잠시 후에 고통이 따라오는 것과 비슷한 느낌이 들었다. 나는 내 손에 묻어 있는 슬픔의 흔적을 씻어내면서 내게 연락할 만큼 관심이 있는 사람이 누구인지 확인하기 위해 전화기를 집어 들었다. 메시지의 상단을 흘끗 보는 순간, 프레스턴이라는 이름이 눈에 들어왔다. 나는 그 아래에 내가 나의 두려움으로 우리의 관계를 어떻게 더럽혔는지를 상기시키는 내용이 적혀 있을 것이라고 미루어 짐작했다. "내가 살인자처럼 잔인한 사람이라며 나를 고통스럽게 하려고 메시지를 보낸 것이 아닐까?"라는 생각이 들었다. 사실 그는 그렇게 많은 말을 하지 않았다. 눈물 사이로 비친 메시지의 내용은 짧았다. 나는 "짧은 것이 좋아. 읽을 내용이 간단할수록 대답할 말도 적을 테니까." 라고 생각하면서 무슨 내용인지 살펴보았더니 "사랑해."라는 한마디였다.

다시 눈물이 흐르기 시작했다. 그러나 이번에는 나오는 장소가 달랐다. 고통은 아직 사라지지 않았지만 그 안에서 혼란과 놀라움이 묻어 나왔다. 내가 분명히 싫다고 말했고, 그가 붙잡기를 원했던 내 마음에 접근하는 것을 허용하지 않았는데도 어떻게 대담하게도 나를 사랑하는 남자가 있을 수 있단 말인가? 어떻게 그는 나의 아버지와 다른 것일까? 누가 그에게 머물라고 말해준 것일까? 그는 과연 어떤 약속을 믿었기에 자기도 살고, 우리도 죽게 놔두지 않게 할 수가 있었을까? 나는 그것이 바울 사도가 에베소 신자들에게 전한 말씀이었다고 확신한다. 그것이 아니라면 다른 무엇일 수 있겠는가? 목이 곧은 사람들에 대한 예수님의 사랑과 그분이 아니라면 과연 어느 누가 그렇게 할 수 있겠는가? 예수님이 자신을 원하지 않은 신부를 위해 자기 목숨을 내놓으셨다는 소식만큼 우리에게 적절하고 선한 소식이 달리 또 어디에 있겠는가? 만일 프레스턴이 소망 없는 현세적 낭만주의자였다면 나를 사랑하지 못했을 것이다. 세상의 관점에서 보면 우리의 상황은 절망적이었다. 그러나 그는 다른 곳, 곧 복음에서 힘을 얻었다. 그가 나를 사랑한 이유는 하나님을 더 사랑했기 때문이다.

———

그로부터 한 달 후, 프레스턴이 무대에 섰다. 우리가 처음 만났던 로스앤젤레스의 시 발표회는 200명의 청중과 함께 창고에서 시작했지만 4년이 흐른 지금에는 캘리포니아의 한 대형 교회에서 3,500명의 청중이 빼곡히 모일 정도로 크게 성장했다. 모두 다 여전히 쾌활했고, 또 시를 사랑하는 사람들이었다. 나는 맨 앞줄에 앉아 그가 발표할 때를 기다렸다.

방안은 조용했고, 그의 눈빛은 초조해 보였다. 마침내 그는 입을 열었다.

"실바람 부는 4월이었다. 그 당시 우리는 친구였다. 우리 사이는 아무런 걱정도, 기대도 없었으며 그저 몸짓 언어로 교감을 나눌 뿐이었다. 두 시인은 매우 예리한 혀를 가지고 있어서, 아무도 그것들이 그들이 날마다 죽는 육신과 동일한 것으로 만들어졌으리라고 생각할 수 없었다. 우리는 항상 말로 자신을 주장했을 뿐, 그것을 잘 사용하지 못했다. 우리는 다윗의 피가 우리의 혈관 속을 내달리는 것이 말 그대로 느껴지기라도 하는 것처럼 하나님이 우리의 마음에 두신 시라는 예술 형태를 소중하게 생각했다. 나는 달이 기울고, 별들이 우리의 교제를 지켜보다 지칠 때까지 대화를 나누다가 잠들어 깨어난 아침을 그리워할 것이다. 우리는 우리의 순간들을 함께 잘 이끌어 갔고, 우리의 지배적인 기질은 만찬에 참석한 겸손한 두 왕이 관계의 토대를 서로 존중하는 것처럼 잘 어울려 공존했다. 돌이켜 생각하면 그것이 우리였다. 우리의 솔직한 감정이 두 개의 아름다운 미사일처럼 우리의 마음에서 솟아 올라와서 우리의 입을 통해 날아가 서로의 삶에 떨어져 내리기 전까지만 해도 우리는 그랬었다. 우리는 그것들을 어떻게 처리해야 할지 몰랐다. 그것들이 너무 잘 만들어진 것이 경탄스러웠지만 언제 그것이 터져 우리의 감정의 팔다리를 날려버릴지 몰라 두렵기도 했다. 나는 우리의 관계가 그녀 안에 전쟁을 일으켰다는 것을 감지했다. 그녀의 마음은 전쟁터로 변했고, 그녀의 혀는 방패로 바뀌었으며, 그녀의 눈은 시선을 날리는 곳마다 깊은 자국을 남기는 칼이 되었다. 그녀의 전사 같은 태도가 나의 골수를 뒤흔들었다. 내가 몇 달도 안 되어 어떻게 적이 되었는지 혼란스러웠다. 나에 대한 그녀의 사랑이 의문시되기 시작했다. 그러던 어느 날 주님은 내게 '프레스턴아, 만일 네가 전쟁터에서 수많은 부상을 당했더라면 너 역시 게릴라 형태의 전술을 채택했을 것이다. 내가 너를 부른 것은 네가 아닌 내가 사랑하듯 그녀를 사랑하게 하기 위해서다.'라고 말씀하셨다.”[9]

프레스턴은 시 발표를 마치고 내게 아내가 되어 달라고 요청했다. 나는 그의 요청에 기꺼이 응했다. 그는 나의 결혼 허락은 받을

---

9. Journey to Covenant by Preston Perry.

수 있었지만 나의 신뢰를 얻기까지는 아직 좀 더 힘든 과정이 필
요했다.

13장

• • •

2013년-2014년

"당신은 이제 나를 신뢰해야 해요."

우리가 약혼한 지 2분밖에 되지 않았다. 프레스턴은 무대에서 휴게실까지 걸어오면서 우리끼리만 있는 첫 번째 시간을 이용해 내가 무엇을 해야 하는지 말해주었다. 물론 그는 좋은 의도를 가지고 말했다. 그는 그의 손이 내 심장 박동을 취하면서도, 그 리듬을 망치지 않을 수 있음을 입증해 보였다고 믿었다. 그는 심지어 스스로도 놀랄 만한 방법으로 나를 사랑했다. 그가 무릎을 꿇고, 기쁨의 미소를 지으며, 하나님이 나를 본향에 데려가실 때까지 자기의 아내가 되어 달라고 요청한 것은 곧 이제 "모든 것을 내려놓아야 할" 때가 되었다는 의미였다 (물론 이것은 그의 생각이었다).

그러나 나로서는 시간과 사랑과 약혼반지 이상의 것이 필요했다.

나는 다시 하나님이 필요했다.

우리는 약혼한 직후부터 교회 목회자와 사모와 함께 결혼 전 상담을 시작했다. 그들은 결혼과 관련된 성경 본문을 개괄함으로써 상담을 시작해서 대개는 우리의 순결한 상태를 점검하는 질문과 기도로 끝을 맺었다. 우리는 해결의 실마리를 찾고 싶은 생각으로 몇몇 장소에서 서로의 주장을 공개했는데 결혼 전 상담을 하는 자리도 그런 장소 가운데 하나였다.

우리의 불일치는 새롭거나 독창적인 것이 아니라 반복적인 것이었다. 그는 내가 충분한 존중을 보여주지 못하고 있다고 생각했고, 나는 그가 인내심이 부족하다고 생각했다. 그는 내가 더 부드럽기를 원했고, 나는 내가 더 부드럽지 못한 이유를 그가 이해해주기를 원했다. 그는 내가 마치 자기가 내게 상처를 입히기를 기다리기라도 하는 것처럼 자기를 격앙시키지 않기를 바랐고, 나는 내가 마음은 있지만 방법을 모르고 있다는 사실을 그가 깨달아주기를 바랐다.

나를 가장 크게 좌절시킨 것은, 내가 상처를 받은 적이 한 번도 없는 것처럼 사는 방법을 모른다는 것이었다. 사실 나는 그보다 더 어려운 일도 해냈었다. 나는 내가 가장 사랑했던 여성에게 작별을 고했으며, 하나님께로 나아갔으며, 옷차림새를 바꾸었고, 교회에 나갔으며, 새로운 친구와 새로운 취미 등 모든 것을 새롭게 발견했다. 그러나 어찌된 영문인지 프레스턴을 두려움 없이 사랑할 수 있을 만큼 나 자신을 새롭게 할 수가 없었다.

여성들을 사랑하는 것은 내게는 쉬운 일이었다. 그들에게는 나를 주려고 노력할 필요가 없었다. 그들은 나의 모든 것, 곧 나의 감추어지지 않은 눈물과 말하지 않은 사연들과 가장 자유로운 자아까지 이 모든 것을 아무런 어려움 없이 소유할 수 있었다. 프레스턴은 하나님이 나를 사랑하시는 것처럼 나를 사랑했다. 그러나 그가 어떤 식으로 사랑을 표현한다 하더라도 그는 여전히 남자였다. 그는 하나님이 아닌 남자, 곧 그가 원하기만 하면 하나님마저도 잊을 수 있는 인간 남자였다. 그런 그가 나를 사랑했다. 연약한 여성이요 겁에 질린 여자였던 나를, 사랑이 안으로 들어올 자리를 만들기 위해 고통을 밖으로 몰아내야 하지만 그런 일에 별로 신경 쓰고 싶지 않아하던 나를...

우리는 어떻게 친구가 될 수 있는지 기억한 좋은 날도 있었고, 채찍을 휘두르듯 서로에 대한 불만을 토로한 궂은 날도 있었다. 나는 그런 날들을 지내는 동안 기도를 쉬지 않았다. 그런데 결혼식 날짜인 3월 1일이 다가오자, 두려움이 결혼식장의 복도를 나와 함께 걸어가겠다고 고집을 부렸다.

나는 두려움이 내 손을 잡도록 놔둘 수가 없었다. 두려움은 익숙하기도 하고 심지어 일관성 있기도 했지만, 그것은 하나님이 하나로 합치려고 하시는 것을 갈라놓는 일만 할 것이 분명했다. 나는 두려움을 놓아주기 위해 그것을 대신하여 붙잡을 다른 손이 필요했다. 아무 손도 붙잡지 않은 채 혼자서 결혼식 복도를 걸어갈 수는 없었다. 만일 그렇게 하면, 내 다리가 절반쯤 걸어가서는 내 몸에게 다시 돌아가라고, 즉 하나님의 선하심을 두려워하며 사는 쉬운 일을 하라고 말할 것이 틀림없었다.

그래서 나는 하나님께 기도했다. 나는 하나님의 도우심이 없이는 모든 것을 망칠 수밖에 없다는 사실을 너무나 오랫동안 믿으려고 하지 않았다. 아마도 하나님은 항상 그것, 곧 나의 전적인 신뢰를 원하고 계셨을 것이다.

하나님은 내가 가장 먼저 프레스턴이 아닌 하나님을 신뢰하기를 원하셨다. 하나님은 이 관계, 이 약혼, 이 결혼을 이용해 내 마음속에서 하나님을 거부하는 부분들을 제거하도록 이끄셨다. 두려움이 너무 많은 자리를 차지하고 있었다. 하나님은 자기 자녀들의 마음을 거짓과 공유하기를 결코 원하지 않으신다. 프레스턴은 자기도 모르는 사이에 나를 정화하기 위한 하나님의 용광로로 사용되었다.

내가 원하는 대로 모든 것이 쉬웠다면 행복하기는 했겠지만, 내가 온전해지는 데에는 도움이 되지 않았을 것이다. 하나님은 나의 모든 것을 구원하셨으며 구원하고 계셨다. 그분은 나의 마음과 나의 감정, 나의 순결과 나의 평화, 나의 몸과 나의 싸움 등 모든 것을 원하셨다. 내가 6년 동안 알고 지내온 이 주님은 내가 어떠한 존재인지 드러내심으로써 내게 사랑을 베푸셨다. 내가 기꺼이 "네, 그렇게 하겠습니다."(결혼식에서의 서약을 의미함—편집주)라고 고백해야 할 유일한 남자를 통해 몹시 불편한 성화의 과정이 이루어졌다.

나는 여전히 두려움을 느끼면서 식장의 복도를 걸어 내려갔다. 하지만 이번에는 두려움을 대하는 나의 태도가 달랐다. 이번에는 두려움이 저항에 부딪쳤다. 자기를 환영해 달라고 함부로 굴면서 쉽게 자기를 고집할 수가 없었다.

내가 사랑한다고 생각하는 남자를 향해 발걸음을 내밀 때마다 믿음이 나의 다리에 해야 할 일을 지시했다. 믿음은 두려움이 나를 떠나게끔 만들었다.

옷자락이 길게 늘어진 흰색 드레스 밑에서 축하객들이 볼 수 없는 싸움이 진행되고 있었다. 그들은 나의 미소와 곧게 쳐든 목만 보았을 뿐, 무엇이 내게 결혼과 같은 대담한 일을 감당할 자신감을 심어주었는지 알지 못했다. 그들은 내가 예배당에 들어서기 전에 안내인이 깔아 놓은 주단 위를 걷고 있다고 생각했지만 나는 내가 물 위를 걷고 있음을 알고 있었다. 그것은 불가능한 일이었다. 그러나 나는 하나님이 여기까지 나를 인도하셨고, 내가 그분의 손을 붙잡고 있는 한, 그것이 아무리 무서워도 나를 넘어지게 하지 않을 것이라고 굳게 확신했다.

프레스턴이 내 손을 잡았고, 우리는 함께 나란히 섰다. 나의 얼굴 위에서 여느 때처럼 밝게 빛나고 있는 그의 얼굴은 기도의 응답이었다. 불과 6년 전만 해도 오늘과 같은 날이 있으리라고는 꿈에도 생각하지 못했다. 한 남자 앞에서 그를 진정으로 사랑하며 "네, 그렇게 하겠습니다."라고 말하고, 그 느낌을 멸시하지 않게 된 것은 하나님의 사역이 분명했다.

나는 그날 이후의 날들이 항상 달콤하지만은 않을 것이라는 사실을 알고 있었다. 씁쓸한 날도 있을 것이고, 그날에 필요한 새로운 자비를 얻을 날도 있을 것이다. 어느 경우가 되었든 나는 하나님이 이 결혼을 통해 나를 성화시키시고, 자신을 영화롭게 하시는 사역을 계속해 나가실 것이라고 믿고 "셀라"로 화답하며 결혼이라는 이 영원한 계절에 들어섰다.

밖에서 안을 들여다보면 프레스턴과 나의 관계가 "동성애자였던 여자를 선하게" 변화시킨 하나님의 사역을 입증하는 증거처럼 보일 것이다. 그러나 하나님은 나를 죄에서 해방하실 때 그 일을 이미 이루셨다.

결혼은 내가 변했다는 것을 입증하는 "증거"가 아니었다. 그

증거는 성령의 열매였다(갈 5:22, 23). 내가 한때 사랑했던 것을 눈으로 보고서 그것을 무가치하다고 결론지을 수 있었던 힘, 그것이 곧 온 세상 사람들에게 하나님의 능력을 상기시켜주는 변증적 증거였다.

프레스턴과 내가 연합하게 된 이유는 우리가 동성애자였다가 신자가 된 모든 남녀에게 어떤 일이 일어날지에 대한 표준이 되게 하기 위해서가 아니었다. 우리가 연합하게 된 가장 중요한 목적은 복음의 비밀을 보여주기 위한 것이었다(엡 5:32). 하나님은 내가 결혼을 통해 그분을 영화롭게 하기를 원하셨다. 한 남자와 한 몸을 이룬다고 해서 내가 완전해지거나 결혼 자체가 나를 온전하게 만드는 것은 아니었다. 그러나 나의 결혼은 하나님이 자신의 사역을 이루시는 수단이 될 수 있었다. 토기장이이신 하나님은 진흙인 나를 빚으시기 위해 그분이 선택하시는 여러 가지 것들과 함께 나의 결혼도 사용하실 것이었다. 하나님은 나의 첫사랑이셨다. 나는 프레스턴과 결혼하기 오래전에 그분과 결혼했고, 죽음이 내가 사랑을 맹세한 남자와 나를 갈라놓은 후에도 나는 하나님과의 영적인 결혼 관계 안에 영원히 남아 있을 것이다.

14장

• • •

무제

기적을 믿는가? 아니, 그보다는 "하나님이 지금도 여전히 이 땅에 속하지 않은 불가능한 일을 행하신다고 믿는가?"라고 묻는 편이 좀 더 나을 듯하다.

기적은 과거에나 있었던 일이라고 생각할는지도 모르겠다. 물론 모세가 살아 있을 당시, 하나님은 놀라운 일들을 행하셨다. 모세의 지팡이가 수면에 닿자 나일강의 물이 피로 변했다. 엘리야도 능력이 무한한 하나님을 신뢰하면서 죽은 소년을 다시 살려주시길 기도했고, 그런 일이 일어나는 것을 목격했다. 요나도 하나님의 손이 다양한 방식으로 모든 것을 변화시킬 수 있다는 것을 부인하지 않았다. 그의 자살 행위는 결국 그와 니느웨 사람들을 위한 구조 미션으로 귀결되었다. 하나님이 큰 물고기를 보내 그를 해안으로 인도하셨고, 그의 목소리를 통해 수많은 사람이 진노 중에 빠져 죽는 데서 건짐 받게 하셨다.

기적은 예수님이 세상에 나타나셨을 때 가장 많이 일어났다. 그렇다면 그분이 잠시 세상을 떠나 계시는 지금은 기적도 세상에서 모두 사라진 것일까? 한 가지 분명한 사실은 예수님이 세상에 계시면서 전에 본 적도, 들은 적도 없는 놀라운 일을 행하셨지만 사람들이 여전히 믿기를 거부했다는 것이다.

구체적인 예를 하나 들어보자(요 9:1-34). 예수님이 제자들과 함께 성전 근처를 지나시다가 소경으로 태어난 사람을 발견하셨다. 그 사람은 앞을 볼 수 없었기 때문에 예수님이 자기를 바라보고 계시는 것조차 알지 못했다. 그러나 그의 귀는 자기를 향해 다가오고 있는 몇몇 사람의 발소리를 들었을 것이 틀림없다. 그에게는 성전 주위가 항상 깜깜했다. 그는 몸에 느껴지는 열기로 해가 떴다는 것을 알고, 낮 동안에 기도하러 성전에 오는 사람들에게 도움을 구하며 하루하루를 보냈다. 그는 항상 지나가는 발소리의 숫자에 미치지 못하는 돈을 받았지만 아무것도 볼 수 없는 상태였기 때문에 늘 그 자리만 지키고 있었다.

그는 자기 앞에 누군가가 서 있는 것을 느꼈다. 조금 있으면 동전 몇 개가 쨍그랑하고 떨어지는 소리가 그의 귀에 들리게 될 것이었다. 그 소리는 곧 음식을 사서 배를 채울 수 있다는 의미였다.

그러나 그의 귀에 들린 것은 앞에 서 있는 사람이 침을 뱉는 소리였다. 그는 황급히 몸을 뒤로 젖혔다. 침을 뱉는 소리는 대개 자기처럼 하찮은 사람을 멸시하는 사람들의 목구멍에서 마치 창과 같은 것이 쏘아져 나오는 것과 같았기 때문이다. 그런데 그 침은 땅에 떨어졌고, 흙을 훑는 소리가 들렸다. 도대체 무슨 일이 일어나고 있는 것일까? 그는 눈이 멀었기 때문에 알 수가 없었다. 예수님은 흙에 자기의 침을 섞어 진흙을 만들고 계셨다. 그분은 아주 오래전에 흙으로 사람을 만들었을 때와 비슷한 일을 하고 계셨다. 이번에는 흙으로 자신이 만드신 한 남자를 치유하실 생각이셨다.

소경은 누구인지는 모르지만 자기 앞에 서 있는 사람이 침 냄새 풍기는 끈적한 진흙을 자기 눈에 바르는 것을 느꼈다. 그가 이유를 묻기도 전에, 신분을 알 수 없는 남자는 드디어 입을 열어 "실로암 못에 가서 씻으라"고 말했다. 소경은 그 사람의 얼굴은 알 수 없었지만 목소리만 듣고서도 즉시 그가 매우 중요한 사람이라는 것을 익히 짐작할 수 있었다. 어쩌면 왕족인지도 몰랐다. 그러나 이스라엘에서 왕들이 사라진 지는 오래되었고, 설혹 왕이 근처를 지난다고 해도 거지가 앉아 있는 것을 보려고 아래를 내려다볼 가능성은 거의 없었다. "가라"는 말은 "순종하라"는 말처럼 들렸고, "못에서 씻으라"는 말은 "지금 당장"이라는 말처럼 들렸다. 따라서 소경은 곧바로 가끔 찾아갔던 근처의 연못으로 향했다. 그는 그 남자의 지시에 따랐다. 그는 양손을 푹 담가 물을 떠서 진흙을 씻어 냈다. 그는 왼쪽 눈과 오른쪽 눈에 물을 묻혀가며 진흙을 닦아 냈다. 진흙 물이 더러는 그의 입속으로 흘러 들어갔다. 그러자 손에서 무언가가 뚝뚝 떨어지는 모습이 보이기 시작했다. 그가 손으로 눈꺼풀에 들러붙어 있는 진흙을 마저 씻어내는 순간, 환한 빛이 그를 깜짝 놀라게 만들었다. 진흙이 떨어져 나갈수록 더 많은 빛이 들어왔다. 그는 곧 모든 것을 볼 수 있었다.

그가 성전으로 돌아오자 사람들은 그의 눈이 치유된 것을 알게 되었다. 그들에게 익숙했던 그의 모습은 두 눈이 모두 감겨 있거나 시선을 고정해 사물을 분명하게 보지 못한 채 눈동자가 제멋대로 움직이는 그런 모습뿐이었다. 그런데 그가 지금 자기들을 분명하게 보고 있었다. 그들은 그가 실제로 그인지, 아니면 소경이었던 그가 아니고 얼굴만 똑같이 생긴 다른 사람인지 분간하기가 어려웠다. 그는 사람들이 자기를 보고 성전 밖에서 구걸하던 소경인지 잘 모르겠다며 수군거리는 말을 듣고서는 곧바로 내가 바로 그 사람이라고 말했다. 사람들이 어떻게 보게 되었느냐고 묻자, 그는 예수라 하는 사람이 고쳐주었다고 대답했다. 급기야 그의 기적은 바리새인들의 관심을 끌게 되었고, 바리새인들도 다른 사람들이 했던 것처럼 그에게 일의 경위를 따져 물었다. 그들은 그의 부모에게 그가 날 때부터 소경이었느냐고 물었고, 그의 부모는 그렇다고 대답했다. 이제 그들의 아들은 자기 부모가 어떻게 생겼는지를 알게 되었고, 그런 기적을 행하신 분은 바로 예수님이셨다.

바리새인들은 목수의 옷을 입고 나타난 메시아, 곧 하나님과 동등하다고 주장하는 예수님이 기적을 행한 장본인이라고 인정하기가 곤란했다. 소경인 사람들은 계속 소경이다. 그렇지 않다면 그는 결코 소경이었던 적이 없었어야 한다. 설혹 그의 눈이 치유되었다고 해도 갈릴리에서 온 유대인이 그런 일을 행했을 리는 만무하다. 불신앙에 눈이 먼 그들은 기적을 통해 나타난 하나님의 영광을 보기를 거부하고, 고침을 받은 소경을 쫓아냈다. 그러나 예수님은 그를 만나 물으셨다. "네가 인자를 믿느냐?" 그는 대답했다. "주여 그가 누구시오니이까 내가 믿고자 하나이다." 그러자 예수님은 "네가 그를 보았거니와 지금 너와 말하는 자가 그이니라"라고 말씀하셨다. 그 말씀에 그는 "주여 내가 믿나이다"라고 말하고 예수님을 경배했다. 예수님은 "내가 심판하러 이 세상에 왔으니 보지 못하는 자들은 보게 하고 보는 자들은 맹인이 되게 하려 함이라"라고 말씀하셨다.

동성애자였던 여자가 완전히 새로운 사람이 될 수 있다는 것을 믿기 어려워하는 이유가 무엇인지 아는가? 그 이유는 하나님을 믿기 어려워하기 때문이다. 바리새인들은 날 때부터 눈먼 사람을 보고, 그의 증언을 듣고, 그가 전에는 지금과 전혀 달랐다는 사실을 알고서도, 기적을 믿기를 원하지 않았다. 그 이유는 그 기적을 행한 분을 믿고 싶지 않았기 때문이다. 그들이 기적을 의심했던 이유는 그것을 행하신 하나님을 믿고 싶지 않았기 때문이다. 그 기적은 소경이었던 사람보다는 선하신 하나님을 드러내는 데 목적이 있었다. 그것은 하나님을 보여주기 위한 기적이었다. 곧 자기가 원하는 것을 자기가 원하는 때에 자기가 원하는 방법으로 자기가 선택한 사람에게 베풀 수 있는 하나님의 능력과 권능을 나타내기 위한 것이었다.

예수님이 행하신 일이 불가해한 특성을 띠고 있는 사실 자체가 그분이 육신을 입으신 하나님이라는 명백한 증거였다. 그분이 자기 자신과 세상에 관해 말씀하신 것은 모두 절대적인 진리였다. 예수님은 이 기적을 스스로를 선하다고 생각하는 미래 세대의 사람들의 영적 어둠을 깨우쳐주기 위해 사용하실 것이다. 사람들은 자신들이 예수님 없이도 성공적인 삶을 살 수 있다고 생각한다. 그들은 자신들이 일평생 짊어지고 살아온 어둠을 빛으로 착각하고 세상 곳곳에서 눈먼 소경처럼 살아가고 있다.

예수님은 눈을 열어 보게 하려고 세상에 오셨다. 그분은 그렇게 하기를 원하셨을 뿐 아니라 또한 그렇게 할 능력이 있으셨다. 기적이 기적으로 불리는 데에는 이유가 있다. 사실 소경의 눈을 뜨게 하는 것보다 죄인의 강퍅한 마음을 고치는 것이 더 어렵다. 인간은 아담이 하나님으로부터 스스로를 보호하기 위해 그분의 눈을 피해 나무 뒤에 숨은 이후로 자신의 영적 눈을 뜨게 할 능력을 상실했다. 우리는 자신을 보게 하려고 온갖 창의적인 방법을 동원하는 데 익숙해졌다. 하지만 아무리 애써도 우리의 노력은 성공할 수 없다. 하지만 불가능한 일을 하실 수 없다면 하나님은 하나님이 아닐 것이다. 시간이 존재하기 전에 하나님은 그런 일을 행하셨다. 또한 시간이란 것이 추억을 떠올릴 때나 말할 만한 먼 기억이 될 그 먼 훗날에도 하나님은 여전히 아무도 할 수 없는 일을 하고 계실 것이다. 하나님은 기적을 행하시는 하나님이시다. 그리고 죄인의 구원은 세상이 여태 보았던 기적 중에 가장 큰 기적이다.

소경으로 태어난 사람의 눈을 침과 흙이라는 하찮은 수단으로 볼 수 있게 만드신 능력과 부활하신 주님을 통해 세상에 전해진 복음(일견 어리석어 보이는 복음) 안에 담겨 있는 엄청난 능력은 동일한 능력이다. 동성애자였었고 이제는 새로운 피조물인 내가 그분과 올바른 관계를 맺게 된 것은, 하나님이 나를 먼저 찾으사 내게 믿음을 주셨기 때문이다. 내 눈이 열리자 내 손을 볼 수 있었고, 어떻게 그것이 죄로 인해 무감각해졌는지, 또 어떻게 예수님이 나의 모든 죄를 깨끗하게 씻어주셨는지를 분명하게 깨달았다. 이제는 볼 수 있으므로 나는 예배한다. 그렇게 오랫동안 소경으로 지내다

가 어떻게 보게 되었느냐고 누가 내게 묻는다면, "나는 소경이었
는데 선하신 하나님이 찾아오셨고, 그래서 지금 봅니다."라고 대
답할 것이다.

3부
동성간 끌림 그리고...

제 3부(15장부터 17장)는 동성애에 관한 자료이다. 지금까지 나에 대해 그리고 하나님에 대해 많이 말했다. 만일 당신이 나와 비슷하다면 당신은 "그렇다면 무엇을 해야 하나? 나 자신이나 친구들이나 직장 동료들을 위한 실천적인 내용은 없을까?"라고 궁금해할 것이다. 지금부터 말하는 내용은 비록 모든 것을 철저히 다 다루지는 않겠지만 그런 사람들에게 조금은 도움이 될 수 있을 것이다.

지금부터는 "동성 간 끌림을 느끼는 그리스도인"Same-Sex-Attracted Christians이라는 표현을 많이 사용하게 될 것이다. 이 표현은 하나님의 은혜로 동성애를 포함한 모든 죄를 회개하고, 주 예수 그리스도를 믿어 거듭난 사람들을 가리키는 호칭이다. 그들을 "동성 간 끌림을 느끼는 그리스도인"이라고 일컫는 이유는 비록 그들이 성령의 능력으로 새롭게 되었지만 여전히 하나님을 분노하시게 만드는 일(즉 모든 형태의 왜곡된 성적 행위)에 복종하도록 부추기는 육신의 유혹에 노출되어 있기 때문이다.

나는 그런 사람들, 그런 주제를 언급할 때 오직 이 호칭만 사용할 생각이다. 명확히 하자면, "동성 간 끌림을 느끼는 그리스도인"은 그들이 소위 "게이 크리스천"이란 용어가 나타내는 정체성을 가지고 있지 않다는 것을 표현하기 위해 의도적으로 선택한 용어이다. 앞서 말한 대로 개인의 정체성을 과거에 저지른 죄나 현재에 느끼는 유혹으로 규정지으려는 것은 지혜롭지도 않고, 복음의 능력에 부합하지도 않는다. 그들의 정체성은 자신이 부르시는 자들을 위해 과거의 죄와 현재의 유혹을 모두 정복하신 그리스도에 의해 규정되어야 마땅하다. 나를 비롯해 성적 유혹에 익숙한 사람은 그 누구든지, 그들의 유혹이 그들에 대해 말해주는 사실에 의해서가 아니라 그리스도께서 그들을 위해 행하신 사역에 의해 그들의 궁극적 정체성이 결정된다. 따라서 우리의 궁극적인 정체성은 매우 단순하다. 한마디로, 우리는 그리스도인이다.

15장

• • •

동성 간 끌림과 정체성

정체성은 중요한 문제이다. 우리가 우리 얼굴에 지니고 다니는 언어도 우리가 하나님과 우리 자신과 다른 사람들에 관해 무엇을 믿는지에 대해 많은 것을 말해주지만 정체성도 그러하다. 정체성은 삶을 변화시키는 원천적 능력을 스스로 갖지는 않지만, 우리의 실천적 걸음을 지배하는 "어떻게"를 결정한다. 우리가 세상을 돌아다니는 방식은 항상 "오늘날 나는 누구인가?", "하나님은 언제나 어떤 분이신가?"라는 문제로까지 거슬러 올라갈 수 있다. 여전히 동성 간 끌림을 느끼는 거듭난 그리스도인들에게 이 문제는 이루 말할 수 없이 중요하다. 우리가 사는 이 세상은 성적 성향sexuality을 우리 정체성의 중심 요소로 삼았다. 이것은 하나님이 세상을 물로 심판하신 후에 하신 약속 따위는 아랑곳하지 않겠다는 식의 교만을 드러내는 정체성이다. 그들에게 있어 동성애자임 gayness은 단순한 행동 방식이 아닌 본질적 존재 방식이다. 사람들이 말하는 바에 따르면 그것은 "바로 너"이다.

LGBT 문화는 주로 말을 그들의 가장 큰 수단으로 일관되게 사용해 사람들의 생각을 새롭게 바꾸는 일, 곧 사람들의 생각을 파괴하는 일을 아주 효과적으로 수행했다. 말하자면 창조주보다 자신의 죄에 동질감을 갖는 데서 더 큰 기쁨을 찾으라는 말로 사람들을 거듭해서 꼬드겼다. 동성 간 끌림을 느끼는 신자의 삶 속에서 일단 성화의 과정이 시작되면 생각 mind도 아울러 새로워지기 시작한다. 하나님이 들어오셔서 마음 heart을 본래 의도되었던 성전으로 변화시키시는 것은 참으로 아름다운 기적이 아닐 수 없다. 마음 heart이 어떠하면 생각 mind도 어떠하다. 새로운 마음이 새로운 생각의 시작이다. 물론 우리 편에서의 노력도 여전히 필요하다. 가만히 앉아서 아무런 노력도 하지 않은 채 큰 열매가 맺히기를 기대해서는 안 된다. 우리는 하나님과 더불어 성화의 기적을 이루기 위해 모든 힘을 쏟아부어야 한다(빌 2:12, 13 참조).[10]

동성 간 끌림에 노예가 되었던 어떤 사람이 신자가 되면, 그들은 또 다른 애정 affection에 근거해 자신의 정체성을 인식하는 법을

---

10. www.desiringgod.org/messages/i-act-the-miracle

배우기가 어려울 수 있다. 정신적인 중압감 때문에 어려울 수도 있고, 잘 몰라서 어려울 수도 있다. 자신의 정체성을 어떻게 인식 하느냐에 따라 인생을 살아가는 방식이 결정된다는 것을 알아야 한다. 나는 그동안 하나님을 믿으면서 정체성이 나의 믿음에 미치 는 영향을 분명하게 의식했다. 내가 사랑받고 있고, 내가 용서받 았고, 내가 새로워졌다는 사실을 잊을 때마다, 믿음으로 사는 삶 은 중단되고, 성경보다 나의 생각이 더 오류가 없는 것처럼 행동 하기 시작했다. 하나님에게서 기인한 나의 정체성, 곧 그분이 내 게 주신 정체성이 항상 내 믿음의 참된 본질을 드러낼 것이다.

따라서 동성 간 끌림을 느끼는 그리스도인들이 정체성의 문제 와 관련해서 해야 할 일은, 자기 강화를 위한 출발점으로서 자기 자신에 대해 더 많은 것을 배우거나 "더 나은 내"가 되는 것이 아 니다. 먼저 생각이 새로워져야만 하나님이 자신을 계시하신 그 빛 안에서 우리 자신을 바라보기 시작할 수 있고, 이를 통해 그분이 명령하신 방식대로 그분을 영화롭게 할 수 있다. 이런 일은 공동 체 안에서 일어나며, 많은 기도가 필요하고, 일관되고 신중한 태 도로 하나님의 말씀을 내면화하려는 노력이 필요하다.

아래에 동성 간 끌림을 느끼는 신자들이 정체성의 문제와 관 련해서 성화의 "기적"을 이루어 나가는 데 도움이 될 만한 방법을 네 가지로 나눠 제시했다. 각각의 항목 안에는 여러 성경 구절이 포함되어 있다. 아무쪼록 동성 간 끌림을 느끼는 신자들이 더 이상 세상을 좇지 않고, 생각이 새롭게 되어 변화를 받는 과정을 거치는 동안, 날마다 기도하며 이 말씀들을 읽고, 묵상하고, 온전히 믿음으로써 큰 도움을 받기를 간절히 바란다(롬 12:1).

1. 죄의 정체성 : 죄는 아름답지 않다.

첫째, 마음의 정체성이 변화되면 죄의 정체성도 반드시 변화된다. 죄 가운데 있는 동안에는 여성이 다이아몬드 반지를 보거나 어린아이가 포장지에 싸인 사탕 선물을 보는 것처럼 죄를 바라보게 된다. 죄인에게 죄는 매우 매혹적이다. 그러나 신자는 그것의 가면을 벗기고 빛에 비춰봄으로써 그 실체를 봐야 한다. 신자는 새롭게 되었지만 그가 느끼는 유혹은 마귀만큼이나 오래되었다. 마귀가 사용하는 유혹의 전술은 전혀 새로워지지 않았다. 마귀는 에덴동산에서부터 오늘날에 이르기까지 사람들을 죄에 빠뜨리고자 할 때면, 항상 그들이 맛보고 싶은 충동을 느끼는 것이 진정한 만족을 줄 수 있을 것처럼 설득하려고 애쓴다. 그럴 때면 우리가 날 때부터 가지고 있던 의심이 솟구쳐 나와 우리의 시야를 흐려놓는다. 유혹에 현혹되면 그리스도께서 십자가에 못 박으신 죄가 마치 선홍색 장미처럼 보이기 때문에 그것을 꺾어 그 향기로운 냄새를 맡고 싶은 욕망이 일어난다. 불신앙은 항상 죄와 하나님을 대조시킨다. 불신앙은 하나님이 아닌 죄를 영화롭게 한다. 그분이 아닌 죄가 죽음도 불사할 만한 가치를 지닌 것처럼 보이게 한다. 그분이 아닌 죄 때문에 삶이 살 만한 가치를 지닌다고 생각하게 만든다.

　동성 간 끌림을 느끼는 그리스도인들은 과거에 그 안에서 즐거워했던 죄악된 애정^{affection}이 내면에서 꿈틀거리면서 다시 옛 생활로 돌아가라고 속삭이는 소리를 들을 때가 많다. 그 속삭임은 기쁨과 만족을 약속한다. 그러나 그것은 사실이 아니라 사실처럼 느껴질 뿐이다. 왜냐하면 죄는 우리를 행복하게 해주겠다는 약속을 지킬 능력이 없기 때문이다. 토사물은 그 위에 초콜릿과 아몬드 가루와 체리가 올려져 있더라도 여전히 토사물일 뿐이다(벧후 2:21, 22). 죄가 죄 아닌 것처럼 보이게 만드는 유혹이 느껴질 때는 우리의 빛이요 궁극적인 진리인 성경을 의지함으로써 우리의 발을 향해 서서히 다가오는 어두운 그림자를 피해 달아나야 한다. 죄의 정체성, 곧 그 참된 실체를 드러내는 것은 원수의 말이 아닌 하나님의 말씀이다.

　　"죄의 삯은 사망이요"(롬 6:23).

　　"오직 각 사람이 시험을 받는 것은 자기 욕심에 끌려 미혹됨이니 욕심이 잉태한즉 죄를 낳고 죄가 장성한즉 사망을 낳느니라"(약

1:14, 15).

"너희가 그 때에 무슨 열매를 얻었느냐 이제는 너희가 그 일을 부끄러워하나니 이는 그 마지막이 사망임이라"(롬 6:21).

"어떤 길은 사람이 보기에 바르나 필경은 사망의 길이니라"(잠 14:12).

"이 세상이나 세상에 있는 것들을 사랑하지 말라 누구든지 세상을 사랑하면 아버지의 사랑이 그 안에 있지 아니하니"(요일 2:15).

"죄를 짓는 자는 마귀에게 속하나니 마귀는 처음부터 범죄함이라"(요일 3:8).

"곧 모든 불의, 추악, 탐욕, 악의가 가득한 자요 시기, 살인, 분쟁, 사기, 악독이 가득한 자요 수군수군하는 자요 비방하는 자요 하나님께서 미워하시는 자요 능욕하는 자요 교만한 자요 자랑하는 자요 악을 도모하는 자요 부모를 거역하는 자요 우매한 자요 배약하는 자요 무정한 자요 무자비한 자라 그들이 이같은 일을 행하는 자는 사형에 해당한다고 하나님께서 정하심을 알고도 자기들만 행할 뿐 아니라 또한 그런 일을 행하는 자들을 옳다 하느니라"(롬 1:29-32).

"우상을 만드는 자는 다 허망하도다 그들이 원하는 것들은 무익한 것이거늘 그것들의 증인들은 보지도 못하며 알지도 못하니 그러므로 수치를 당하리라"(사 44:9).

"그러므로 너희는 죄가 너희 죽을 몸을 지배하지 못하게 하여 몸의 사욕에 순종하지 말고 또한 너희 지체를 불의의 무기로 죄에게 내주지 말고 오직 너희 자신을 죽은 자 가운데서 다시 살아난 자 같이 하나님께 드리며 너희 지체를 의의 무기로 하나님께 드리라"(롬 6:12, 13).

2. 성도의 정체성 : 당신이 겪는 유혹은 당신의 정체성이 아니다.

유혹은 많은 말을 한다. 유혹은 우리에게 자신의 잠재력에 관해 말한다. 유혹은 우리의 필요를 거론하면서 자기가 그것을 해결해 줄 수 있다고 주장한다. 일광의 빛깔이 시시각각 변하는 것만큼이나 자주 유혹의 소리를 듣다 보면, 유혹은 수치심이라는 또다른 소리를 데리고 온다. 동성 간 끌림을 느끼는 그리스도인이 거기서 벗어나려고 애쓰다 보면, 집요한 유혹의 소리가 들려와서 귀가 너덜너덜해지기 시작한다. 수치심이 느껴진다고 해서 유혹의 소리가 사라지는 것은 아니다. 그 둘은 동시에 공존한다. 어떤 소리가 더 크게 들릴 것인지는 동성 간 끌림을 느끼는 그리스도인이 어떤 정체성이 자신의 기쁨을 덮어버리게 허용하는지에 달려 있다.

수치심은 우리가 자신의 평가를 믿어 주길 원한다. 구체적으로 말해 수치심은 우리가 너무 비참해서 새롭게 될 수 없고, 너무 더러워서 깨끗해질 수 없으며, 죄를 지으려는 성향이 너무나도 강해 용서를 받아봤자 아무 소용이 없고, 위대한 구원의 열매를 맺으러 나왔는데도 여전히 이전에 사귀던 동성애 상대자를 원하거나 동성의 누군가에게 사랑을 받는 느낌을 느끼고 싶은 유혹을 느끼기 때문에 구제불능의 죄인이며, 지금도 여전히 동성애자일 뿐이라고 속삭인다. 그러나 우리가 유혹을 느낀다고 해서 유혹이 곧 우리의 정체성인 것은 결코 아니다.

그리스도의 십자가가 우리를 용서받은 자로 선언한다. 이것이 곧 우리의 정체성이다. 유혹은 우리에게 말을 걸지만 그것은 살아계신 하나님도 마찬가지이시다. 성경, 곧 하나님의 영감으로 기록된 영원히 유익한 말씀이 신자의 정체성에 대해 궁극적으로 선언할 권리를 갖는다.

> "불의한 자가 하나님의 나라를 유업으로 받지 못할 줄을 알지 못하느냐 미혹을 받지 말라 음행하는 자나 우상 숭배하는 자나 간음하는 자나 탐색하는 자나 남색하는 자나 도적이나 탐욕을 부리는 자나 술 취하는 자나 모욕하는 자나 속여 빼앗는 자들은 하나님의 나라를 유업으로 받지 못하리라 너희 중에 이와 같은 자들이 있더니 주 예수 그리스도의 이름과 우리 하나님의 성령 안에서 씻음과

거룩함과 의롭다 하심을 받았느니라"(고전 6:9-11).

"그런즉 누구든지 그리스도 안에 있으면 새로운 피조물이라 이전 것은 지나갔으니 보라 새 것이 되었도다"(고후 5:17).

"그러나 이제는 너희가 죄로부터 해방되고 하나님께 종이 되어 거룩함에 이르는 열매를 맺었으니 그 마지막은 영생이라"(롬 6:22).

"그 기쁘신 뜻대로 우리를 예정하사 예수 그리스도로 말미암아 자기의 아들들이 되게 하셨으니 이는 그가 사랑하시는 자 안에서 우리에게 거저 주시는 바 그의 은혜의 영광을 찬송하게 하려는 것이라"(엡 1:5, 6).

"우리는 그가 만드신 바라 그리스도 예수 안에서 선한 일을 위하여 지으심을 받은 자니 이 일은 하나님이 전에 예비하사 우리로 그 가운데서 행하게 하려 하심이니라"(엡 2:10).

"누가 정죄하리요 죽으실 뿐 아니라 다시 살아나신 이는 그리스도 예수시니 그는 하나님 우편에 계신 자요 우리를 위하여 간구하시는 자시니라"(롬 8:34).

"나의 자녀들아 내가 이것을 너희에게 씀은 너희로 죄를 범하지 않게 하려 함이라 만일 누가 죄를 범하여도 아버지 앞에서 우리에게 대언자가 있으니 곧 의로우신 예수 그리스도시라"(요일 2:1).

"그러므로 이제 그리스도 예수 안에 있는 자에게는 결코 정죄함이 없나니"(롬 8:1).

"영접하는 자 곧 그 이름을 믿는 자들에게는 하나님의 자녀가 되는 권세를 주셨으니 이는 혈통으로나 육정으로나 사람의 뜻으로 나지 아니하고 오직 하나님께로부터 난 자들이니라"(요 1:12, 13).

"그러므로 우리가 믿음으로 의롭다 하심을 받았으니 우리 주 예수 그리스도로 말미암아 하나님과 화평을 누리자 또한 그로 말미암아 우리가 믿음으로 서 있는 이 은혜에 들어감을 얻었으며 하나님의 영광을 바라고 즐거워하느니라"(롬 5:1, 2).

"그러나 이 모든 일에 우리를 사랑하시는 이로 말미암아 우리가 넉넉히 이기느니라 내가 확신하노니 사망이나 생명이나 천사들이나 권세자들이나 현재 일이나 장래 일이나 능력이나 높음이나 깊음이나 다른 어떤 피조물이라도 우리를 우리 주 그리스도 예수 안에 있는 하나님의 사랑에서 끊을 수 없으리라"(롬 8:37-39).

3. 교회의 정체성 : 당신은 혼자가 아니다.

동성 간 끌림을 느끼는 그리스도인으로 살아가는 것은 외로운 길을 걷는 것처럼 보일 수 있다. 곧 마치 함께 걷는 다른 사람의 발소리 없이 혼자서 한 발씩 떼어 놓는 것처럼 보일 수 있다. 오해받을 두려움, 판단받을 두려움, 사랑받지 못할 두려움, 온전히 받아들여지지 못할 두려움이 존재한다. 신자들로 가득 차 있는 공간에 있을 때면 과거의 일이 주홍색 글씨처럼 선명하게 떠오르고, 주위에 사람들이 있는데도 소외감만 더 커져 마음이 우울해지면서 혼자라는 느낌이 든다. 마치 외로움이 운명처럼 정해진 자신의 정체성인 것처럼 보인다. 다른 이들은 그들이 동료 신자 없이도 믿음을 잘 유지할 수 있을 것이라고 결론을 내린다. 사람들은 그들이 죄와 마귀와 육신에 대항하는 영적 전투에 단 한 명의 군사로 홀로 용감하게 뛰어들어 수적으로 압도적인 적들과 맞서 싸울 수 있을 것이라고 생각한다. 그런 사람들은 어떤 전쟁도 혼자서는 절대로 승리할 수 없다는 것을 아는 선견지명도 없고, 성화도 교제만큼이나 공동체와 관련된 과정이라는 것을 이해하는 지혜도 없다. 당신은 혼자가 아니다.

소외된 그리스도인이나 소외를 유발하는 그리스도인이나 모두 한 가족이요 한 몸이다. 그들은 제각기 지은 죄가 다르지만 같은 구주를 믿는 유기적인 공동체이다. 동성 간 끌림을 느끼는 그리스도인의 구체적인 어려움을 잘 이해하지 못하는 그리스도인들이 많지만, 죄로 인해 야기되는 일반적인 어려움은 어떤 그리스도인이든 쉽게 이해할 수 있다. 하나님은 성도들을 거룩하게 하시고, 사역을 위해 그들을 훈련하시고, 자신을 더욱 깊이 있게 드러내 보이시려고 우리를 이 몸에 속하게 하셨다. 사람이 혼자 거하도록 창조되지 않았다는 것은 과거나 지금이나 변함 없는 사실이다. 하나님의 은혜로 우리는 지금이나 앞으로나 절대 혼자가 아니다.

"그러므로 이제부터 너희는 외인도 아니요 나그네도 아니요 오직 성도들과 동일한 시민이요 하나님의 권속이라 너희는 사도들과 선지자들의 터 위에 세우심을 입은 자라 그리스도 예수께서 친히 모퉁잇돌이 되셨느니라 그의 안에서 건물마다 서로 연결하여 주 안에서 성전이 되어 가고 너희도 성령 안에서 하나님이 거하실 처소가 되기 위하여 그리스도 예수 안에서 함께 지어져 가느니라"(엡 2:19-22).

"그러나 너희는 택하신 족속이요 왕 같은 제사장들이요 거룩한 나라요 그의 소유가 된 백성이니 이는 너희를 어두운 데서 불러내어 그의 기이한 빛에 들어가게 하신 이의 아름다운 덕을 선포하게 하려 하심이라"(벧전 2:9).

"지략이 없으면 백성이 망하여도 지략이 많으면 평안을 누리느니라"(잠 11:14).

"오직 오늘이라 일컫는 동안에 매일 피차 권면하여 너희 중에 누구든지 죄의 유혹으로 완고하게 되지 않도록 하라"(히 3:13).

"서로 돌아보아 사랑과 선행을 격려하며 모이기를 폐하는 어떤 사람들의 습관과 같이 하지 말고 오직 권하여 그날이 가까움을 볼 수록 더욱 그리하자"(히 10:24, 25).

"오직 사랑 안에서 참된 것을 하여 범사에 그에게까지 자랄지라 그는 머리니 곧 그리스도라 그에게서 온 몸이 각 마디를 통하여 도움을 받음으로 연결되고 결합되어 각 지체의 분량대로 역사하여 그 몸을 자라게 하며 사랑 안에서 스스로 세우느니라"(엡 4:15, 16).

"만일 한 지체가 고통을 받으면 모든 지체가 함께 고통을 받고 한 지체가 영광을 얻으면 모든 지체가 함께 즐거워하느니라"(고전 12:26).

"이 일 후에 내가 보니 각 나라와 족속과 백성과 방언에서 아무도 능히 셀 수 없는 큰 무리가 나와 흰 옷을 입고 손에 종려 가지를 들고 보좌 앞과 어린 양 앞에 서서 큰 소리로 외쳐 이르되 구원하심이 보좌에 앉으신 우리 하나님과 어린 양에게 있도다"(계 7:9, 10).

4. 하나님의 정체성 : 하나님은 당신이 상상할 수 있는 것보다 더 나은 분이시다.

하나님을 믿지 않는 불신앙이 모든 죄의 근원이다. 아담과 하와가 하나님의 말씀을 의심했을 때 타락이 시작되었다. 하나님의 정체성을 성경을 믿는 믿음으로 바라보느냐 의심하느냐에 따라 우리 자신의 정체성과 우리의 삶이 결정된다. 만일 하나님이 창조주시라면 우리는 피조물이다. 그분이 주인이시라면 우리는 종이다. 그분이 사랑이시라면 우리는 사랑을 받는 존재이다. 그분이 전능하시다면 우리는 스스로 생각하는 것만큼 강력하지가 못하다. 그분이 전지하시다면 우리가 그분을 피해 숨을 곳은 어디에도 없다. 그분이 거짓말을 하실 수 없다면 그분의 약속은 모두 사실이다. 하나님의 성품에 관한 진리를 믿으면, 우리의 삶을 살아가는 방식이 획기적으로 달라진다. 그것이 전부가 아니다. 이 세상에 우리가 기쁨을 얻을 수 있는 대상들이 이처럼 많이 존재하는 이유는, 하나님 안에는 우리가 상상할 수 있는 것보다 더 많은 영광이 있기 때문이다.

하나님은 가장 위대한 것보다 훨씬 더 위대하시고, 우리의 눈으로 볼 수 있는 가장 영광스러운 것보다 훨씬 더 영광스러우시다. 그분은 우리가 하는 모든 행위의 목적이 되신다. 만일 하나님이 우리가 생각하는 것보다 더 위대하시다면 그분보다 열등한 것이나 열등한 존재를 추구하는 것은 시간을 헛되이 낭비하는 것이다. 우리가 경험하는 모든 유혹과 시련과 승리 가운데서 하나님은 우리의 전부가 되시기 때문에, 우리는 우리의 궁극적인 정체성을 우리 자신이 누구인지에 기반할 것이 아니라 우리가 아는 바 하나님이 누구신지에 기반해야 할 것이다.

"너는 알지 못하였느냐 듣지 못하였느냐 영원하신 하나님 여호와, 땅 끝까지 창조하신 이는 피곤하지 않으시며 곤비하지 않으시며 명철이 한이 없으시며 피곤한 자에게는 능력을 주시며 무능한 자에게는 힘을 더하시나니 소년이라도 피곤하며 곤비하며 장정이라도 넘어지며 쓰러지되 오직 여호와를 앙망하는 자는 새 힘을 얻으리니 독수리가 날개치며 올라감 같을 것이요 달음박질하여도 곤비하지 아니하겠고 걸어가도 피곤하지 아니하리로다"(사 40:28-31).

"여호와는 은혜로우시며 긍휼이 많으시며 노하기를 더디 하시며 인자하심이 크시도다 여호와께서는 모든 것을 선대하시며 그 지으신 모든 것에 긍휼을 베푸시는도다"(시 145:8, 9).

"주께서 생명의 길을 내게 보이시리니 주의 앞에는 충만한 기쁨이 있고 주의 오른쪽에는 영원한 즐거움이 있나이다"(시 16:11).

"자랑하는 자는 이것으로 자랑할지니 곧 명철하여 나를 아는 것과 나 여호와는 사랑과 정의와 공의를 땅에 행하는 자인 줄 깨닫는 것이라 나는 이 일을 기뻐하노라 여호와의 말씀이니라"(렘 9:24).

"그런즉 너희가 하나님을 누구와 같다 하겠으며 무슨 형상을 그에게 비기겠느냐"(사 40:18).

"웃시야 왕이 죽던 해에 내가 본즉 주께서 높이 들린 보좌에 앉으셨는데 그의 옷자락은 성전에 가득하였고 스랍들이 모시고 섰는데 각기 여섯 날개가 있어 그 둘로는 자기의 얼굴을 가리었고 그 둘로는 자기의 발을 가리었고 그 둘로는 날며 서로 불러 이르되 거룩하다 거룩하다 거룩하다 만군의 여호와여 그의 영광이 온 땅에 충만하도다 하더라"(사 6:1-3).

"여호와의 손이 짧아 구원하지 못하심도 아니요 귀가 둔하여 듣지 못하심도 아니라"(사 59:1).

"곧 일어나사 바람과 바다를 꾸짖으시니 아주 잔잔하게 되거늘 그 사람들이 놀랍게 여겨 이르되 이이가 어떠한 사람이기에 바람과 바다도 순종하는가 하더라"(마 8:26, 27).

"친히 나무에 달려 그 몸으로 우리 죄를 담당하셨으니 이는 우리로 죄에 대하여 죽고 의에 대하여 살게 하심이라 그가 채찍에 맞음으로 너희는 나음을 얻었나니"(벧전 2:24).

"우리가 사랑함은 그가 먼저 우리를 사랑하셨음이라"(요일 4:19).

"그는 보이지 아니하는 하나님의 형상이시요 모든 피조물보다 먼저 나신 이시니 만물이 그에게서 창조되되 하늘과 땅에서 보이는 것들과 보이지 않는 것들과 혹은 왕권들이나 주권들이나 통치자들이나 권세들이나 만물이 다 그로 말미암고 그를 위하여 창조되었고 또한 그가 만물보다 먼저 계시고 만물이 그 안에 함께 섰느니라 그는 몸인 교회의 머리시라 그가 근본이시요 죽은 자들 가

운데서 먼저 나신 이시니 이는 친히 만물의 으뜸이 되려 하심이
요 아버지께서는 모든 충만으로 예수 안에 거하게 하시고 그의 십
자가의 피로 화평을 이루사 만물 곧 땅에 있는 것들이나 하늘에
있는 것들이 그로 말미암아 자기와 화목하게 되기를 기뻐하심이
라"(골 1:15-20).

"사람의 모양으로 나타나사 자기를 낮추시고 죽기까지 복종하셨
으니 곧 십자가에 죽으심이라 이러므로 하나님이 그를 지극히 높
여 모든 이름 위에 뛰어난 이름을 주사 하늘에 있는 자들과 땅에
있는 자들과 땅 아래에 있는 자들로 모든 무릎을 예수의 이름에
꿇게 하시고 모든 입으로 예수 그리스도를 주라 시인하여 하나님
아버지께 영광을 돌리게 하셨느니라"(빌 2:8-11).

"능히 너희를 보호하사 거침이 없게 하시고 너희로 그 영광 앞에
흠이 없이 기쁨으로 서게 하실 이 곧 우리 구주 홀로 하나이신 하
나님께 우리 주 예수 그리스도로 말미암아 영광과 위엄과 권력과
권세가 영원 전부터 이제와 영원토록 있을지어다 아멘"(유 24, 25).

"보좌에 앉으신 이가 이르시되 보라 내가 만물을 새롭게 하노
라 하시고 또 이르시되 이 말은 신실하고 참되니 기록하라 하시
고 또 내게 말씀하시되 이루었도다 나는 알파와 오메가요 처음과
마지막이라 내가 생명수 샘물을 목마른 자에게 값없이 주리니"(계
21:5, 6).

결론을 말하자면 LGBT 커뮤니티에 속했다가 빠져 나와 신자가 된 새 신자나 이미 신자가 된 지 오래된 사람들이나 모두 똑같이 성경이 사실로 가르친 것 외에 다른 것에서 정체성을 찾으려는 유혹을 느낄 위험성이 항상 존재한다. 죄의 정체성이든 신자의 정체성이든 교회의 정체성이든 하나님의 정체성이든, 우리의 원수는 항상 우리의 의심을 부추기는 것을 즐거움으로 삼는다. 원수와 우리의 육신을 대적할 수 있는 가장 큰 무기는 하나님의 말씀을 믿는 믿음이다. 하나님의 말씀을 궁극적인 권위로 믿고 따르면 연약할 때도 강할 것이다.

용기를 내라.

"끝으로 너희가 주 안에서와 그 힘의 능력으로 강건하여지고 마귀의 간계를 능히 대적하기 위하여 하나님의 전신 갑주를 입으라 우리의 씨름은 혈과 육을 상대하는 것이 아니요 통치자들과 권세들과 이 어둠의 세상 주관자들과 하늘에 있는 악의 영들을 상대함이라 그러므로 하나님의 전신 갑주를 취하라 이는 악한 날에 너희가 능히 대적하고 모든 일을 행한 후에 서기 위함이라 그런즉 서서 진리로 너희 허리 띠를 띠고 의의 호심경을 붙이고 평안의 복음이 준비한 것으로 신을 신고 모든 것 위에 믿음의 방패를 가지고 이로써 능히 악한 자의 모든 불화살을 소멸하고 구원의 투구와 성령의 검 곧 하나님의 말씀을 가지라 모든 기도와 간구를 하되 항상 성령 안에서 기도하고 이를 위하여 깨어 구하기를 항상 힘쓰며 여러 성도를 위하여 구하라"(엡 6:10-18).

16장

· · ·

동성 간 끌림과 인내

어떤 이유에선지 이상하게도 동성 간 끌림을 놓고 나누는 대화 가운데서 인내라는 말이 사용되는 경우는 극히 드물다. 오늘날의 문화는 "기다리는 것"보다는 "서두르는 것"을, "어려운 것"보다는 "쉬운 것"을 좋아한다. 이따금 사정없이 밀려오는 강력한 동성 간 끌림과 관련된 논의에서 인내를 언급하는 경우는 그리 많지 않다. 어떤 사람들에게는 이상하게 들릴지 몰라도 인내는 기독교적 경험의 본질에 해당한다. 인내를 믿음의 무기로 사용하지 않는 신앙 고백자는 반드시 끝까지 견디지 못할 것이다(마 24:13).

동성 간 끌림을 느끼는 사람들 가운데는 성경적인 성 윤리를 믿기를 원하거나 그것을 믿으려고 노력한 사람들이 적지 않다. 나는 그들과 많은 대화를 나누었다. 나를 찾아오는 그들의 눈빛은 몹시 힘들고, 피곤해 보였다. 그들은 고개를 떨군 채로 내 앞에서 절망의 심정을 드러냈다. 그들은 "너무나 어려워요."라는 한마디로 자신들이 슬퍼하며 근심하는 이유를 간단하게 설명했다. 동성간 끌림을 물리치려고 노력하는 일이 몹시 어려운 까닭에 끊임없이 자책감과 절망감을 느끼며 의기소침해 있는 사람들도 있고, 한때 자기를 지탱해 줄 닻으로 삼았던 믿음을 아예 포기하는 사람들도 있다.

제자가 되었거나 제자가 되었다고 생각하는 사람들이 예수님을 따르는 것은 단지 영생을 얻기 위해서가 아니라 또한 십자가에 못 박히기 위해서라는 사실을 옳게 이해하고 있는지 궁금하다. 십자가 처형은 몹시 고통스러울 뿐 아니라 죽음이 천천히 진행된다. 십자가에 못 박힌 사람은 해 질 녘까지 장시간 동안 서서히 죽어간다. 십자가에 못 박히면 결국에는 죽게 되지만 아무리 빨리 죽고 싶어도 피가 다 빠져나가기를 기다리려면 시간이 걸릴 수밖에 없다. 십자가 처형(그 처형 방식의 시간과의 관련성)에 관한 역사적인 이해가 없으면, 누가복음 9장 23절에 기록된 예수님의 말씀("아무든지 나를 따라오려거든 자기를 부인하고 날마다 제 십자가를 지고 나를 따를 것이니라")을 온전히 이해하기 어렵다. 잘 알다시피 이 말씀은 우리의 자아에 대해 죽으라는 의미를 담고 있다. 하지만 얼마나 자주 우리는 이 구절에서 자기 십자가를 지면서 날마다 인내하고 소진해가는 죽음을 떠올렸는가. 우리가 십자가를 한 번 지었다고 해서 오늘 우리가 죽인 죄가 내일 되돌아오지 않을 것이라고 장담할 수 없다. 우리는 그 죄가 완전히 죽은 것을 발견할 때까지 그것을 일정 기간 또는 일평생 반복해서 죽이고 또 죽여야 한다. 십자가에 못 박힌 삶은 십자가가 면류관으로 바뀌는 그날이 올 때까지 인내하며 살아가는 것을 의미한다.

예수님은 홀로 조용히 기도하는 본을 보여줌으로써 동성 간 끌림을 느끼는 그리스도인들에게 하나님의 영광을 위해 인내하는 삶을 가르치셨다. 마태복음 26장을 보면 예수님이 겟세마네 동산으로 가셨다는 것을 알 수 있다. 그분은 제자들과 마지막 만찬을 잡수시고 나서 기도하기 위해 그들을 데리고 즐겨 찾으시던 장소로 향하셨다. 왜냐하면 자신이 세상에 온 목적(곧 십자가의 죽음)을 이루기 위한 시간이 곧 다가올 것을 아셨기 때문이다.

예수님은 낮과 밤이 분리되라는 하나님의 음성이 궁창에 들리기 전부터 아셨던 성부 하나님과 대화를 나눌 생각이셨다. 해는 저물었고, 제자들은 유월절 양고기와 빵과 포도주로 배를 채운 데다가 걸어오느라고 몹시 피곤했지만 예수님은 그들에게 잠들지 말고 기도하라고 명령하셨다. 그분은 그들이 깨어 있기를 원하셨다. 잠이 오는 것은 자연스러운 현상이었지만 그들에게 필요한 것은 그것이 아니었다. 그들은 그 순간에 눈을 크게 뜨고 곧 다가올 유혹에 대비해야 했다.

예수님은 그들에게서 좀 떨어진 곳으로 가셨다. 무슨 말씀을 하기도 전에 그분의 몸이 이미 행동을 취했다. 그분은 얼굴을 땅에 대고, 풀 냄새를 들이키며, 온갖 슬픔으로 빛나는 달과 별들 아래에서 하늘을 우러러보셨다. 그것은 너무 절박해서 서 있기조차 어려운 사람의 자세였다. 그분은 엎드려서 하나님의 이름을 부르며 그분께 자기에게 다른 것을 허락하실 수 있느냐고 물으셨다. 그분은 "내 아버지여 만일 할 만하시거든 이 잔을 내게서 지나가게 하옵소서"(마 26:39)라고 간구하셨다. 여기에서 잔은 하나님의 진노를 뜻하는 상징이요 비유였다. 마치 세상은 온통 물에 잠겨 가는데 방주는 손이 닿지 않는 곳에 있는 것과 같은 상황이었다. 이번에는 소돔이 아닌 성자에게 하늘로부터 불과 유황이 쏟아져 내렸다. 40년의 광야 생활이 안식 없는 하룻밤으로 응축되어 나타났고, 성자께서는 그 안에서 안식^{sabbath}을 찾을 수 없으셨다. 그 잔에는 예수님이 전에 맛보신 적이 없는 것이 담겨 있었다. 그분은 오직 자기에 대한 성부의 기쁨과 사랑만을 알고 계셨다(마 3:17, 요 5:20). 그분이 피할 수만 있다면 피하고 싶어 하셨던 십자가의 고통은 물리적인 고통이 그 핵심이 아니고, 우리를 대신해 짊어지신 죄로 인해 성부 하나님의 원수가 되어야 하는 경험이 그 핵심이었다.

예수님은 가능하다면 그런 일을 겪지 않기를 간절히 바라셨다.

그러나 믿음으로 순종하는 것 외에는 하나님을 달리 기쁘시게 할 길이 없었다. 동성 간 끌림을 느끼는 사람들에게도 순종은 참으로 어려운 일이 아닐 수 없다. 왜냐하면 그것은 미소를 짓는 것만큼이나 자연스럽게 느껴지는 육신의 성향을 부인해야 하는 일이기 때문이다. 동성 간의 끌림은 거짓으로 날조된 것도 아니고, 상상력의 산물도 아니다. 그것은 실제로 인간이 느끼는 지극히 현실적인 감정이다. 따라서 이런 감정들이 몸 안에서 고동쳐 큰소리를 낼 때 거기에 이끌리지 않으려면 자기를 부인하는 일에 철저히 헌신해야 한다. 아마 주저하면서도 용기를 내어 이 도전에 응할 사람들이 많을 테지만 결국에는 절대로 쉬운 일이 아니라는 것을 알게 될 것이다.

대개 그런 감정은 끈질긴 유혹으로 더욱 강하게 발전하기 마련이다. 그것은 죽여 없애더라도 신속하게 다시 돌아오는 경향이 있다. 어떤 사람들은 절망감과 좌절감으로 인해 불신앙이 속삭이는 소리에 이끌려 따라가고픈 충동을 느낀다. 불신앙도 사탄처럼 항상 쉬운 길을 부추긴다. 불신앙은 하나님을 경외함으로써 참된 지혜를 얻으라고 말하지 않고, 손쉽게 열매를 따 먹고 지식을 얻으라고 말한다. 불신앙은 고난과 복에 대한 우리의 관점을 흐릿하게 만들고, 영원하지 않은 거짓된 위로의 약속을 앞세워 자기 부인의 길을 포기하라고 종용한다. 불신앙은 많은 사람에게 하나님과 동성애, 하나님과 육신, 구원자와 죄를 동시에 섬길 수 있다고 말한다. 그러나 그런 일은 불가능하다. 성경은 "하나님께로부터 난 자마다 죄를 짓지 아니하나니 이는 하나님의 씨가 그의 속에 거함이요 그도 범죄하지 못하는 것은 하나님께로부터 났음이라"(요일 3:9)라고 말씀한다. 동성 간 끌림을 느끼는 그리스도인들은 하나님의 뜻 밖에서 그분께 순종할 수 있는 또다른 길을 찾으려고 해서는 안 된다. 예수님이 십자가에 못 박히신 것이 하나님의 뜻인 것처럼 성경의 가르침에 부합하지 않는 모든 형태의 성애를 삼가는 것도 하나님의 뜻이다. "하나님의 뜻은 이것이니 너희의 거룩함이라 곧 음란을 버리고"(살전 4:3).

하나님께 순종하는 길이 달리 또 있었다면 예수님은 그 길을 택하셨을 테지만 그 길은 오직 하나뿐이었다. 그분은 그 길에 온전히 헌신하셨다. 그분은 땅에 엎드려 성부 하나님께 "나의 원대로 마시옵고 아버지의 원대로 하옵소서"라고 기도하셨다. 예수님은 잔을 마시지 않게 해달라고 세 차례나 기도하셨다. 그러나 예수님의 귀에 들려온 것은 침묵뿐이었다. 바람이 예수님께 하나님의 생각을 전해주지도 않았고, 그분이 엎드린 동산이 하늘을 진동시켜 성부의 친숙한 음성을 들려주지도 않았다. 예수님이 깊은 고뇌를 느끼시는 동안 하나님은 단 한마디도 하지 않으셨다.

어떤 사람들은 하나님이 아무 말씀도 하지 않으셨지만 적어도 어떤 행동을 취하려고 결정하시지 않았느냐고 생각한다. 실제로 하나님은 그렇게 하셨다. 그분은 하늘에서 천사를 보내셨다. 그러나 하나님이 그렇게 하신 이유는 여느 아버지들처럼 자녀를 위로하기 위해서가 아니라 자신의 이름을 영광스럽게 하기 위해서였다. 하나님이 천사를 보내신 이유는 침울해 있는 성자의 용기를 북돋우고, 십자가를 짊어지는 일 없이 곧바로 그분을 하늘로 데려오기 위해서가 아니었다. 그런 일이 필요했다면 수많은 천사가 나타나서 예수님의 원수들을 단숨에 진멸했을 것이다. 물론 보냄받은 천사로 인하여 갈보리로 가는 긴 행로가 좀 더 수월해질 수도 있겠지만, 그마저도 하나님의 어젠다와 거리가 멀기는 마찬가지다. 천사가 예수님의 두려움과 불안과 슬픔과 고통과 어려움과 유혹을 덜어주기 위해 나타났더라면 참 좋았을 테지만 성부 하나님은 성자를 편안하게 해주는 것과는 전혀 다른 일을 행하셨다. 하나님이 천사를 보내신 이유는 순종의 힘든 과정을 건너뛰게 하기 위해서가 아니라 성자에게 힘을 주어 그 모든 고통을 온전히 감내하게 하기 위해서였다.

예수님이 성부 하나님께 순종하는 데 인내의 힘이 필요했다면 우리는 더욱더 그러하지 않겠는가? 히브리서 저자는 신자들에게 인내의 필요성을 일깨워주기 위해 "그러므로 너희 담대함을 버리지 말라 이것이 큰 상을 얻게 하느니라 너희에게 인내가 필요함은 너희가 하나님의 뜻을 행한 후에 약속하신 것을 받기 위함이라"(히 10:35, 36)라고 말했다. 동성 간 끌림을 느끼는 상황에서 신앙생활을 하는 것은 매우 어렵지만 성부께서는 천사를 보내사 성자에게 힘을 주신 것처럼 우리에게도 누군가를 보내 도움을 베푸신다. 거짓에 속아 좌절하거나 우리 자신을 정죄하지 말고 예수님을 바라보며 성령의 인도를 따르면 성부 하나님을 기쁘시게 하는 일을 할 수 있다. 인내할 수 있는 힘과 순종할 수 있는 능력이 우리에게 주어진다고 해서 순종이 쉬워지는 것은 아니다. 그러나 그런 힘은 순종을 가능하게 한다.

이 모든 것과 관련하여 사랑에 대해서 말할 것이 있다. 겟세마네 동산을 다른 각도에서 바라보면, 즉 이 익숙한 복음서의 기사를 역으로 뒤집어 생각하면 예수님의 거룩하신 측면보다는 인간적인 측면이 좀 더 뚜렷하게 드러나는 것을 알 수 있다. 만일 예수님이 제자들과 유월절 만찬을 먹고 나서 기도하러 동산에 가셨을 때 하나님이 절실히 필요할 만큼 마음이 그렇게 무겁지 않아 엎드리지 않고 가만히 서 계셨다면 어떻게 되었을까? 그분 자신의 빛을 세상에서 지워 없애려는 불 시련이 닥쳐오는 것에 아무런 관심도 기울이지 않고, 이마에서 핏방울을 흘리지 않고, 그저 의도한 대로 하나님께 기도를 드렸다면 어떻게 되었을까? 아무런 슬픔도 느끼지 않는 사람이 기도하는 것처럼 기도하며, 간구도 없고, 고뇌도 없고, 슬픔도 없고, 잔이 지나가기를 간절히 바라면서 영혼 깊은 곳에서부터 하나님을 향해 애원하는 것도 없었다면 어떻게 되었을까? 자기에게 주어질 잔에 진노가 가득 담겨 이제 곧 자기에게 쏟아 부어질 것을 알면서도 그것이 쏟아지는 것을 피하기 원하는 간절한 마음이 없었다면 어떻게 되었을까? 자기에게 참으로 끔찍한 것이 주어질 것을 알면서도 마치 십자가가 일상적인 관행이라도 되는 것처럼 담담하고 침착하셨다면 어떻게 되었을까?

만일 우리가 성경에서 읽는 것이 예수님의 그런 모습이었다면 과연 그 안에서 하나님께 대한 그분의 사랑을 발견할 수 있을까? 만일 그랬다면 우리가 생각하는 것과는 다르게 예수님이 하나님을 그렇게 많이 사랑하지 않으셨다고밖에는 달리 말하기가 어려울 것이다. 만일 예수님이 항상 누리셨던 성부의 자애로운 사랑이 아닌 그분의 온전한 진노를 감당해야 할 시간이 다가오고 있는데도 무관심한 태도를 취하셨다면 그분이 성부와의 친밀한 관계가 깨지는 것을 전혀 개의치 않으셨다고 말할 수밖에 없을 것이다. 그러나 사실은 그렇지 않았다. 예수님은 극도의 고통을 느끼면서 몸에서는 핏방울을 떨구고, 마음에서는 간절한 탄원을 쏟아내셨다. 예수님은 극도의 인내심을 발휘하며 큰 고뇌를 감당하셨다. 이런 사실은 그분이 성부 하나님을 얼마나 깊이 사랑하셨는지를 여실히 보여준다. 그분은 이 사랑 안에 거할 수 없는 것보다는 차라리 잔이 지나가기를 바라셨다.

예수님이 인내하신 것은 강하셨기 때문이 아니었다. 그분은 인성적 측면에서 가장 연약한 순간에 처했지만 하나님을 사랑했기 때문에 인내하실 수 있었다. 그분은 어떤 희생이 뒤따르더라도 하나님의 뜻을 이루기 위해 온전히 헌신하셨다. 이 사랑이 우리가 인내할 수 있게 도와줄 것이다. 우리도 하나님을 육체의 가장 큰 기쁨으로 아는 사랑이 있으면 인내할 수 있다.

슬픔과 고통과 어려움 속에서도 우리가 계속 싸울 수 있는 이유는 하나님의 뜻을 따르는 것이 우리의 뜻을 고집하는 것보다 무한히 더 낫다는 것을 알기 때문이다. 우리도 순종의 뒤에는 항상 기쁨이 뒤따른다는 것을 알고 예수님처럼 인내해야 한다. "믿음의 주요 또 온전하게 하시는 이인 예수를 바라보자 그는 그 앞에 있는 기쁨을 위하여 십자가를 참으사 부끄러움을 개의치 아니하시더니 하나님 보좌 우편에 앉으셨느니라"(히 12:2)라는 말씀대로 우리는 예수님을 바라봐야 한다.

17장

• • •

동성 간 끌림과 이성애의 복음

하나님은 동성애자들을 이성애자가 되라고 부르고 계신 것이 아니다.

사람들은 그리스도인들이 지역 교회 안팎에 있는 동성애자들에게 독려하는 말에 하나님이 공감하신다고 생각하는 경향이 있다. 그들은 동성애자들에게 이성 결혼의 가능성을 제시하고, 마치 그것이 천국이라도 되는 듯 손을 내밀어 그것을 붙잡기만 하면 온전한 삶을 살 수 있다고 말한다. 대부분 선의에서 하는 말이지만 실제로는 매우 위험하다. 왜일까? 그 이유는 예수님을 아는 것보다 결혼을 신앙생활의 목적으로 강조하기 때문이다. 하나님이 나를 구원하신 목적은 내게서 단지 동성애의 욕구를 제거하는 데 있는 것이 아니라 전반적인 성화를 이루는 데 있는 것처럼, 결혼이

나 이성에게 끌리는 경험을 하는 것이 꼭 그분이 뜻하신 목적에 포함되는 것은 아니다.

"이성애의 복음"은 동성 간 끌림을 느끼는 사람들에게 예수님을 믿으면 이성애자가 될 수 있고, 그분을 영접하면 이성에게 매력을 느낄 수 있다는 식으로 말한다. 이 "복음"을 제시하는 방식은 대단히 미묘하다. 이 복음은 대개 이렇게 제시된다. "동성애의 욕구 때문에 많은 어려움을 겪고 있는 줄 압니다. 분명히 약속드리지만 예수님께 헌신하면 그분은 당신을 사랑하기 때문에 당신을 그런 욕구로부터 온전히 자유롭게 해주실 거예요." 또는 이렇게 제시되기도 한다. "전에 동성애자였다가 지금 결혼해서 살고 있는 남자가 있어요. 당신이 예수님을 믿는다면 당신도 그렇게 될 수 있어요." 물론 하나님은 누군가를 동성애의 욕구로부터 완전히 벗어나게 만드실 수도 있고, 동성애자를 이성과 결혼해 살 수 있게 하실 수도 있다 (내가 그런 경우에 해당한다). 그러나 성경은 이것을 하나님과 화목하게 된 결과로 주어지는 확실한 선물이라거나 즉각적으로 주어지는 중생의 축복으로 약속하지 않는다. 동성 간 끌림을 느끼는 사람들과 그들을 사랑하기를 원하는 사람들을 격려하는 차원에서 이성애의 복음을 자제해야 할 네 가지 이유를 제시하면 다음과 같다.

1. 성적 성향이 우리의 전부가 아니다.

"하나님이 자기 형상 곧 하나님의 형상대로 사람을 창조하시되 남자와 여자를 창조하시고"(창 1:27).

우리는 우리가 알고 있는 것보다 훨씬 더 복잡한 존재다. 우리는 다른 피조물들과는 다르게 창조되었다. 우리의 마음은 눈으로 어디를 보느냐에 따라 영향을 받는 특성을 지녔다. 우리는 주위를 둘러보면서 온갖 다채로운 감정을 느낄 수 있다. 우리는 지성적이고, 감정적이고, 영적인 존재다. 우리는 기쁨, 슬픔, 자만심, 겸손, 공포, 안전한 느낌과 같은 다양한 감정을 느낄 수 있는 기능을 지니고 있고, 이 모든 기능이 우리의 영혼과 함께 작용한다. 이것이 우리의 인격을 성적 성향에 국한하는 것이 하나님이 우리를 창조하신 방식을 근시안적으로 묘사하는 것에 지나지 않는 이유다. 우리는 하나님의 형상으로 창조된 덕분에 동물적인 본능이 아닌 마음과 생각과 영혼을 모두 포괄하는 전인적인 의지를 사용해서 하나님을 사랑할 수 있다. 전인적인 차원에서 하나님을 사랑하지 않으면 우리의 말과 생각과 행위를 통해 죄를 짓기 마련이다. 다시 말해 우리의 몸을 가지고 행하는 것, 다른 사람들을 대하는 태도, 우리의 귀와 눈으로 무엇을 듣고 무엇을 볼지 선택하는 문제와 관런해서 잘못을 저지를 수 있다. 그러므로 우리의 성적 성향은 우리의 정체성의 일부가 될 수는 있을지언정 전부가 될 수는 없다. 인간은 성적 성향보다 훨씬 더 큰 존재이다.

하나님은 삼위일체 하나님이시다. 그분은 우리의 이해 능력보다 훨씬 더 큰 분이시다. 그분은 세 위격(성부, 성자, 성령)으로 존재하는 한 하나님, 곧 서로 구별될 뿐 아니라 하나로 연합된 방식으로 느끼고, 행동하고, 들으실 수 있다. 그런 하나님이 자기의 형상대로 인간을 창조하셨다면, 당연히 인간도 그와 마찬가지로 복합적이고 다양한 특성을 지니고 있다고 생각해야 하지 않겠는가? 만일 하나님이 그런 전인적인 존재를 창조하셨다면 하나님이 원하시는 바는 그 전인적인 존재를 구원하시고 자기 자신으로 만족시키시는 것임을 확신할 수 있을 것이다.

"이성애의 복음"을 전하는 사람들의 말은 하나님이 인간의 성적 성향에만 관심을 기울이신다는 의미로 전해질 수 있다. 그런 생각 때문에 동성 간 끌림을 느끼는 사람들 가운데 많은 사람이 참된 회개의 아름다움을 경험하지 못하고 있다고 나는 확신한다.

나는 어느 날 동성애를 극복했다는 나의 증언을 듣고서 화가 난 한 젊은 여성과 대화를 나누면서 이런 사실을 깨달았다. 나는 몇 마디 개인적인 공격의 말과 저주의 말을 듣고 나서 그녀에게 "동성애가 당신에게 아무런 문제가 되지 않는다고 가정해 보기로 해요. 그렇더라도 하나님이 당신의 전반적인 삶을 기쁘게 여기실까요?"라고 물었다. 그녀는 내가 그런 식으로 각도를 달리해 묻자 약간 당황스러운 표정을 지으며 "아뇨, 그렇지 않아요. 하나님은 그렇게 생각하지 않으실 거예요."라고 대답했다. 내가 그녀에게 그렇게 물은 이유는 하나님이 회개하고 예수 그리스도의 복음을 믿으라고 명령하실 때는 성적 성향을 넘어서는 그 이상의 것을 염두에 두고 계신다는 사실을 알아야 할 필요가 있다고 생각했기 때문이다. 하나님은 우리를 다양한 기능을 갖춘 존재로 창조하셨다. 따라서 우리는 우리가 상상할 수 있는 것보다 훨씬 더 악한 존재다. 따라서 하나님이 우리를 회복시켜주실 때 모든 것을 회복시켜주셔야 한다.

하나님이 동성 간 끌림을 지닌 불신자들을 부르실 때, 그 주된 목적은 이성애자가 되라고 부르시는 것이 아니다. 그분은 그들을 단지 하나님 자신에게로 부르실 뿐이다. 그 부르심의 목적은 그리스도를 알고, 사랑하고, 섬기고, 존중하고, 영원히 높여 찬양하게 하는 데 있다. 그리스도를 회개의 목적이자 믿음의 대상으로 삼을 때 그들은 비로소 성부 하나님과 올바른 관계를 맺을 수 있고, 성령을 통해 성적인 죄는 물론, 다른 모든 죄를 물리칠 힘을 얻는다. 거룩함을 추구하는 대신 이성애를 추구하는 사람은, 동성애를 적극적으로 추구하는 사람만큼이나 하나님과의 올바른 관계에서 멀리 떨어져 있다. 동성 간 끌림을 느끼는 그리스도인들이 그리스도가 아닌 이성애를 목표로 삼아 추구하면 결국에는 한 우상을 다른 우상으로 대체하는 결과를 초래할 뿐이다. 거룩함이 없으면 아무도 주님을 볼 수 없다고 했다(히 12:14). 동성 간 끌림을 지닌 그리스도인들이 동성 간 끌림을 느끼더라도 주님 안에 거하면서 거룩함 가운데 행하면 얼마든지 이전의 성적 정체성을 버리고 하나님을 선택할 수 있다. 따라서 성적 충동에 의해 정체성을 규정할 것이 아니라, 하나님의 형상으로 창조된 인간이라는 정체성을 강조하는 메시지가 강단과 신도석으로부터 전파되어야 한다. 그것이 동성 간 끌림을 느끼는 사람들이 절실히 필요로 하는 메시지다. 성적 성향을 우리의 가장 중요한 정체성으로 간주하면 우리의 주된 부르심이 성적인 것이 되고 만다. 그러나 우리는 궁극적으로 섹스를 위해 창조되지 않았다. 우리가 창조된 목적은 하나님과 그분의 영광을 위해서다(골 1:16).

2. 결혼이 기독교 신앙의 정점은 아니다.

"또 내가 들으니 허다한 무리의 음성과도 같고 많은 물 소리와도 같고 큰 우렛소리와도 같은 소리로 이르되 할렐루야 주 우리 하나님 곧 전능하신 이가 통치하시도다 우리가 즐거워하고 크게 기뻐하며 그에게 영광을 돌리세 어린 양의 혼인 기약이 이르렀고 그의 아내가 자신을 준비하였으므로 그에게 빛나고 깨끗한 세마포 옷을 입도록 허락하셨으니 이 세마포 옷은 성도의 옳은 행실이로다 하더라 천사가 내게 말하기를 기록하라 어린 양의 혼인 잔치에 청함을 받은 자들은 복이 있도다 하고"(계 19:6-9).

결혼은 영광스럽다. 결혼은 처음부터 그렇게 계획되었다. 그것은 복음을 가리키기 위한 하나님의 신비로운 계획이었다(엡 5장). 한 남자와 한 여자, 곧 서로 다른 두 사람이 하나님 안에서 한 몸이 된다. 서로 다른 두 육체는 시간과 생각과 침실과 침대를 공유할 뿐 아니라, 변덕스럽기는 해도 사랑도 공유한다. 순종과 신뢰가 마음에서 사랑을 잡아채서 서로를 향해 내주게 함에 따라 부분적으로나마 사랑을 나누어 주게 된다. 이 신비가 세상에 드러나기까지는 구약 시대 전체 기간이 필요했다. 예수님이 세상에 와서 죽으시고, 부활하시고, 성령을 보내 우리를 보존하게 하신 이후부터는 결혼이 우리가 생각했던 것 이상의 의미를 지녔다는 사실이 명백하게 밝혀졌다. 결혼은 다른 무엇보다 하나님과 관련되어 있다. 결혼은 그리스도와 교회를 나타내는 생생한 비유다. 그리스도께서는 육신을 입으신 하나님이시며, 우리는 그분의 교회다. 그분의 양 떼인 우리는 그분의 음성을 듣고, 목자이신 그분을 따라 생명으로 들어가게 되었다. 만일 세상이 그리스도께서 교회를 어떻게 사랑하시는지를 희미하게나마 보려면 남편이 아내를 어떻게 사랑하고 이끄는지 보면 된다. 또한 아내가 자신의 하나님을 사랑하여 오직 남편에게 복종하는 모습을 보면 그리스도에 대한 교회의 복종이 어떤 것인지를 볼 수 있다(엡 5장). 놀랍게 들릴는지 몰라도 하나님은 자신과 사람들 앞에서 혼인 언약을 맺은 두 남녀에게 매일 그들의 가정에서 복음을 실천할 수 있는 복된 기회를 허락하신다. 결혼은 참으로 영광스러운 것이다.

그러나 결혼이 아무리 영광스러워도 그것이 가장 큰 영광은 아니다. 결혼은 마치 황금 대문을 활짝 열어 놓은 작은 천국(바람직하게는 여성의 예쁜 외모가 시들기 시작하기 전, 또는 남성이 자신의 씨를 뿌릴 준비가 될 즈음에 들어가면 더 좋을 그런 곳)인 것처럼 종종 이상적으로 생각되어 왔다. 젊은 여성은 사랑을 알게 될 때부터, 흰 드레스를 입고 "네, 그렇게 하겠습니다."라고 말할 때 결혼이 그 가장 순결한 상태에 있다고 가르침 받는다. 만화와 아동 도서들은 젊은 사람들에게 그런 이상을 심어준다. 하지만 그런 매체들 외에도 결혼을 유토피아로 삼는 현상은 여기저기서 발견된다. 어떤 그리스도인들은 때로 자기도 모르는 사이에, 동성 간 끌림을 느끼는 사람들에게(독신으로 살아가는 이성애자들에게까지도) 복음 증거의 일부분으로 그런 것을 부당하게 포함시키는 일을 거듭 되풀이하고 있다. 결혼에 대한 과장된 약속이나 그것이 신앙생활에서 차지하는 역할에 대한 불균형적인 관점 때문에 동성 간 끌림을 느끼는 사람들이 종종 자기를 향한 하나님의 부르심을 그릇 오해하는 일이 발생하곤 한다. 확실하게 말하지만 하나님이 우리를 부르신 목적은 자기와 이웃을 사랑하게 하기 위해서다(마 22:36-40).

하나님을 사랑함으로써 어떤 사람들은 그분을 존귀하게 여기는 결혼생활을 영위할 수도 있고, 어떤 사람들은 그분을 영화롭게 하는 독신생활을 영위할 수도 있다. 동성 간 끌림을 느끼는 그리스도인들이 결혼해서 살든 독신으로 살든, 하나님의 능력을 드러내 보이는 변증적인 역할을 한다는 점에서는 둘 사이에 아무런 차이가 없다. 둘 다 하나님을 영화롭게 하기는 마찬가지다.

창세기는 결혼의 신비를 처음 보여주었고, 요한계시록은 결혼이 나타내는 가장 중요한 의미를 밝히 드러냈다. 요한계시록은 장차 교회가 겪게 될 일, 곧 그리스도의 신부인 용서받은 죄인들이 흠 없는 성도가 되어 마침내 신랑이신 그리스도와 영원히 함께 거할 것이라는 사실을 어렴풋하게 보여준다. 신랑이신 그리스도는 "다 이루었다"는 말씀으로 "네, 그렇게 하겠습니다."라는 고백을 값 주고 사신 분이다. 결혼은 영광스럽지만 그것이 곧 주님은 아니다. 오직 하나님 자신만이 주실 수 있는 것을 결혼에 투영하는 사람들이 많지만 그것이 곧 하나님은 아니다. 결혼은 하나님이 자신의 복음을 세상에 구체적으로 보여줌으로써 스스로를 영화롭게 하기 위해 제정하신 것이다. 결혼과 주님 간의 또 다른 차이는, 결혼은 영원하지 않다는 것이다. 결혼은 세상에서만 이루어지는 것이고, 목숨이 다하면 결혼 관계도 끝난다. 그러나 그리스도와 교회의 결혼 관계는 영원히 지속된다. 죽지 않는 두 개의 별이 영원히 빛을 발하는 것처럼 하나님과 그분의 교회는 항상 결혼 관계를 유지하며, 언제나 변함없이 서로를 사랑하고, 서로 하나가 된다. 죽음은 하나님과 교회를 갈라놓을 수 없다. 왜냐하면 궁극적으로는 죽음조차 더 이상 존재하지 않게 될 것이기 때문이다.

땅에서의 결혼이 영원히 지속되는 것이 아니라면 결혼을 목숨과 맞바꿀 만한 가치를 지닌 것이라고 말하는 "복음"을 더 이상 전해서는 안 된다. 세상에서의 결혼은 일시적이고, 그리스도와 교회의 결혼은 영원하다.

3. 독신은 저주가 아니다.

"너희가 염려 없기를 원하노라 장가 가지 않은 자는 주의 일을 염려하여 어찌하여야 주를 기쁘시게 할까 하되 장가 간 자는 세상 일을 염려하여 어찌하여야 아내를 기쁘게 할까 하여 마음이 갈라지며 시집 가지 않은 자와 처녀는 주의 일을 염려하여 몸과 영을

다 거룩하게 하려 하되 시집 간 자는 세상 일을 염려하여 어찌하여야 남편을 기쁘게 할까 하느니라 내가 이것을 말함은 너희의 유익을 위함이요 너희에게 올무를 놓으려 함이 아니니 오직 너희로 하여금 이치에 합당하게 하여 흐트러짐이 없이 주를 섬기게 하려 함이라"(고전 7:32-35).

"이성애의 복음"에서는 그리스도를 믿게 된 이후 일어날 일로서 독신을 아예 거론하지 않거나 거론하더라도 조용히 숨죽여 속삭인다. 독신은 사람들이 가지 않기를 바라는 낯선 나라처럼 취급된다. 따라서 이성애의 복음을 말하는 사람들은 동성 간 끌림을 느끼는 사람들이 그곳을 발견해 더 어두운 땅으로 들어갈까봐 그 나라를 지도에서 아예 찢어내 없애려고 한다. 그러나 동성 간 끌림을 느끼는 사람들은 필요하다면 또 다른 가능성을 타진해볼 권리가 있다.

물론 동성 간 끌림을 느끼는 사람들이 결혼할 가능성이 보이지 않는 탓에 선택할 수 있는 대안이 독신뿐이라서 혹시라도 그들이 실망할까 염려하여 그것을 거론하기를 꺼릴 수도 있다. 그러나 독신은 언급하지 않고 오로지 결혼만을 언급하는 것도 그에 못지않게 동성 간 끌림을 느끼는 사람들 가운데 많은 사람을 실망시킬 수 있다. 동성 간 끌림을 느끼는 사람들 가운데는 이성에 대해 성적 매력을 느끼는 것이 무엇인지를 지금까지도 잘 알지 못했고, 또 앞으로도 온전히 이해하지 못할 사람들이 더러 있을 것이 분명하다. 성적 매력이나 욕구가 이성 간의 행복한 결혼을 뒷받침하는 토대는 아니지만 그 하나의 측면인 것만은 확실하다. 상대방에게 성적 매력을 느끼지 못한다면 결혼은 축복이라기보다는 시련에 더 가까울 것이다. 그러나 만일 그런 사람들에게 독신의 가능성을 옳게 제시함으로써 그 아름다움을 인식하도록 이끈다면 그들은 절망 대신 기쁨을 느끼며 자신의 상황을 달갑게 받아들일 수 있을 것이다.

독신생활을 하는 사람들의 삶 속에서 발견할 수 있는 축복은 많다. 무엇보다도 독신생활의 장점은 결혼한 사람들이 흔히 겪는 걱정이나 그들의 삶을 바쁘게 만드는 문제들로부터 자유로운 상태로 주님을 기쁘시게 하는 삶을 살 수 있다는 데 있다. 한동안이든 일평생이든 그들은 나누이지 않은 마음으로 성경에 집중하고, 예배와 기도와 공동체에 온전히 헌신할 수 있다. 이와는 대조적으로 결혼한 사람들은 곡예를 하듯 삶의 우선순위를 결정해 처리해야 한다. 공원을 거니는 것이 마치 물 위를 걷는 것과 같다. 물론 성적 친밀감을 원하는 욕구가 지속될 때나 유혹에 맞설 때 독신이 더 수월할 것이라는 말은 아니다. 그러나 결혼한 삶을 모든 것을 충족시키는 완전한 삶인 양 그릇 제시함으로써, 독신자들을 만족하게 하는 복음의 능력을 무시하는 일이 있어서는 곤란하다. 오히려 우리는 모든 욕망이 그리스도 안에서 궁극적으로 충족될 그날을 바라봄으로써 성적 친밀감이나 관계적 친밀감을 원하는 현실을 솔직하게 인정한다.

독신도 결혼처럼 그 나름의 독특한 방식으로 은혜의 복음을 증언한다. 예수님은 새 창조가 이루어지면 더 이상 결혼이 존재하지 않을 것이라고 말씀하셨다. 그런 점에서 우리는 결혼을 하지 않은 천사들과 같을 것이다(마 22:30). 우리는 참된 현실을 누리게 될 것이다. 그때가 되면 현실을 가리키는 이정표는 더 이상 필요하지 않을 것이다.

결혼하지 않고 독신으로 사는 삶은 그런 현실을 기대할 뿐 아니라 그 선함을 증언한다. 독신은 이런 미래의 현실이 확실하기 때문에 지금도 그것에 부합하는 삶을 살 수 있다는 것을 보여준다. 결혼이 복음의 형태를 보여준다면 독신은 그 충족성을 보여준다. 독신은 성적, 낭만적 친밀감에 집착하는 세상을 향해 그런 것이 궁극적인 것이 아니며, 그리스도 안에서 우리가 참된 현실을 소유하고 있다는 것을 분명하게 보여준다.[11]

-샘 올베리

---

11. https://www.thegospelcoalition.org/article/how-celibacy-can-fulfill-your-sexuality/

우리 지역 교회들은 동성 간 끌림을 느끼는 그리스도인들이 독신을 축복으로 생각하도록 독려해야 한다. 또한 지역 교회들은 기혼자든 독신자든 하나님이 우리를 부르신 그대로 모든 사람에게 하나님의 가족이 되어주어야 하며, 기존에 이 일에 실패한 방식을 되돌아보면서 반성해야 한다. 세상은 사람들이 경험할 수 있는 깊고, 실제적인 차원의 친밀감은 오직 성적, 낭만적 친밀감뿐이라고 생각한다. 따라서 독신으로 살라는 것을 곧 외롭게 살라는 의미로 받아들인다. 우리는 외로움이란 결코 자신의 형상대로 만든 인간을 향한 하나님의 의도가 아니었음을 안다(창 2:18). 하나님은 삼위일체이시기 때문에 상호관계적 본성을 지니신다. 그분은 우리도 자신처럼 상호관계적인 존재로 창조하셨다. 문제는 공동체와 관계를 맺지 않아서 외로운 감정을 느끼는 독신자들이 적지 않다는 것이다. 만일 동성 간 끌림을 지닌 독신자들이 성적인 관계를 맺지 않고서도 얼마든지 깊은 친밀감을 나눌 수 있다는 것을 깨닫도록 도울 방법이 있다면 교회는 그 방법을 적극적으로 추진해 나가야 마땅하다.

문화적으로도 그렇고, 교회들 안에도 그런 문화가 반영되어 있어서, 독신자가 기독교 성 윤리가 그럴 듯 하다고 느끼기는 매우 어려울 것이다. 따라서 우리는 교회라는 가족이 말 그대로 진정한 가족이라는 점을 확실하게 해둘 필요가 있다. 예수님은 "나와 복음을 위하여 집이나 형제나 자매나 어머니나 아버지나 자식이나 전토를 버린 자는 현세에 있어 집과 형제와 자매와 어머니와 자식과 전토를 백 배나 받되 박해를 겸하여 받고 내세에 영생을 받지 못할 자가 없느니라"라고 약속하셨다. 따라서 교회에 나오는 사람이면 누구나 공동체 의식과 친밀감이 나날이 증대되는 것을 경험했노라고 말할 수 있어야 한다.

- 크리스토퍼 유안

"이성애의 복음"은 독신을 피해야 할 보기 흉한 것으로 간주하지만 심지어 주 예수님도 세상에서 독신으로 지내셨다. 주님은 아무것도 부족한 것이 없이 자신을 돕는 성부 하나님의 능력과 사랑 안에서 온전한 삶을 누리셨다. 우리의 위대한 대제사장이신 주님은 동성 간 끌림을 느끼는 독신자들이 일반적으로 안고 있는 연약함은 물론, 독신생활에서 비롯하는 특정한 연약함까지 모두 깊이 동정하실 것이 틀림없다(히 4:15, 16). 연약할 때에도 그분 안에 있으면 강해질 수 있고, 독신으로 살아도 그분 안에 있으면 온전해질 수 있다.

4. 복음 전도는 하나님에 관한 것이다.

"내가 받은 것을 먼저 너희에게 전하였노니 이는 성경대로 그리스도께서 우리 죄를 위하여 죽으시고 장사 지낸 바 되셨다가 성경대로 사흘 만에 다시 살아나사"(고전 15:3, 4).

"내가 복음을 부끄러워하지 아니하노니 이 복음은 모든 믿는 자에게 구원을 주시는 하나님의 능력이 됨이라"(롬 1:16).

"우리는 우리를 전파하는 것이 아니라 오직 그리스도 예수의 주 되신 것과 또 예수를 위하여 우리가 너희의 종 된 것을 전파함이라"(고후 4:5).

복음 전도 evangelism 는 좋은 소식 good news 을 나누는 것을 뜻하는 용어다. 좀 더 구체적으로 말하면 이는 복음의 좋은 소식 good news of gospel 을 전하는 것을 의미한다. 그리고 복음 전도는 온통 하나님에 관한 것이다. 그 이유는 복음이 곧 온통 하나님에 관한 것이기 때문이다. 하나님은 우리를 창조하셨다. 우리는 하나님께 대해 죄를 지었다. 하나님은 우리를 사랑하신다. 그분은 자기의 아들인 그리스도를 세상에 보내셨다. 그리스도께서는 우리로서는 절대로 불가능한 삶을 사셨다. 그분은 우리가 받아야 할 죽음의 형벌을 대신 받으셨다. 그리스도께서는 하나님의 진노를 가라앉히셨고, 죽은 자 가운데서 부활하셨으며, 약속하신 성령을 보내주셨다. 성령께서는 우리의 눈을 열어 그리스도의 영광을 보게 하시고, 우리의 단단한 마음을 부드럽게 만들어 회개하게 하신다. 성경은 그리스도를 믿으라고 명령한다. 다른 이가 아닌 그리스도께서 우리를 구원하시고, 또 우리에게 영생을 주신다.

"이성애의 복음"이 지닌 가장 큰 문제는 그것이 전혀 복음이 아니라는 것이다. 이 복음의 전파자들은 구원과 자유를 줄 수 없는 메시지를 세상에 전한다. 이 복음은 유혹에서 자유로운 이성애나 결혼이 곧 회개의 이유나 그 결과인 것처럼 제시한다. 분명히 말하지만, 죄를 회개해야 할 이유는 예수님께로 돌아서기 위해서다. 이성애의 복음을 하나님의 복음으로 착각하기는 매우 쉽다. 그 이유는 복음이 하나님에 관한 것이라는 사실을 잊어버린 사람들이 많기 때문이다. 만일 기독교적인 삶이 예수님을 알게 하는 것 외에 다른 것에 초점을 맞춘다면 복음을 전해봤자 무슨 소용이 있겠는가? 그런 복음 전도는 능력이 결여된 공허한 것을 전하는 (즉 예수님 외에 다른 수단을 통해 구원받을 수 있다고 착각하게 만드는 것이나 그저 도덕적인 기준을 제시하는 데 불과한 것) 결과를 낳을 뿐이다.

우리의 복음 전도에서 하나님이 제외되지 않게 하려면 그분을 우리의 대화와 교리와 교회와 삶의 중심으로 삼아야 하는 신자의 근본 소명에 충실해야 한다. 자신의 삶 속에서 하나님을 하찮게 여기는 사람은 다른 사람들을 대상으로 사역할 때 하나님께 초점을 맞춰 그분의 위대하심을 옳게 보여줄 수 없다.

그리스도께서 세상에 오신 목적은 우리가 하나님과 올바른 관계를 맺을 수 있게 하기 위해서다. 그리스도께서는 하나님과 올바른 관계를 맺게 하여 그분 안에서 만족을 얻게 하신다. 우리의 성적 성향이 우리의 영혼은 아니다. 결혼이 천국인 것도 아니고, 독신이 지옥인 것도 아니다. 우리는 좋은 소식, 곧 참된 복음을 전해야 한다. 참된 복음은 세상을 향해 모든 죄인이(동성 간 끌림을 느끼든 이성 간 끌림을 느끼든) 죄 사함을 받고, 하나님을 사랑하며, 그분을 영원히 즐거워하게 하기 위해 예수님이 세상에 오셨다고 선언한다.

후기

"하나님을 두려워하는 너희들아 다 와서 들으라 하나님이

나의 영혼을 위하여 행하신 일을 내가 선포하리로다"(시 66:16).

시편 저자로 하여금 이렇게 말하게 만든 이유가 궁금하다. 무엇이
그토록 놀라운 일이었기에 그는 우리에게 자신의 말을 들어보라
고 외치는 것일까? 그는 그 일을 자기만 알거나, 또는 몇몇 이해할
만한 친한 사람들에게만 말할 수도 있었을 것이다. 드러내 공개하
지 않고, 감추고, 숨기는 이야기들도 있고, 억지로나 선택적으로
말하는 이야기들도 있지만, 시편 저자는 자신의 이야기가 그것을
듣기로 결정한 사람들에게 어떤 영향을 미칠지는 전혀 아랑곳하
지 않고, 무작정 모두에게 말하기로 작정했다. 그가 자기 영혼이
겪은 일을 자신만 간직하지 않고 우리에게 들려주기로 작정한 이
유는 그것이 너무나 좋은 일이라서 기도를 시작할 때 말하지 않을

수 없었기 때문이다. 그것은 마치 "주님을 찬양합니다. 왜냐하면
요..."로 시작했다가 더 이상 말을 잇지 못하고 끝내는 것과 같은
상황이었다. 생각 속에 하나님의 은혜가 떠오르고, 그 느낌이 너
무나도 감미로우면 입을 꾹 다물고 그저 침묵할 수 있다. 그러나
그런 순간에도 시편 저자는 하나님이 자신의 영혼을 위해 행하신
일, 곧 꼭 말하지 않으면 안 될 그 일이 생생하게 떠올랐기 때문에
침묵을 깨고 모두에게 그 일을 들려주기를 원했다.

이제 나는 그 이유를 충분히 이해한다. 지금 읽는 이 책이 나에
게는 그것과 똑같은 것이다. 이 책을 읽으면 하나님이 내게 무슨
일을 행해주셨는지 알 수 있다. 그분은 나를 사랑하사 내게 생명
을 주셨다. 그분은 내게 새로운 마음을 주셨다. 이 마음이 힘차게
고동치는 이유는 오로지 있는 힘껏 그분을 찬양하기 위해서다. 변
하지 않으시는 하나님을 사랑하는 이 새로운 마음이 나의 이야기
를 전하게 만들었다.

나는 사람들이 나에 관한 말을 듣기를 원하지 않았다. 내 영혼
을 위한 일을 한 사람은 내가 아니다. 나는 단지 내 영혼을 해롭게
했을 뿐이다. 그러나 하나님이 나의 영혼을 위해 하신 일은 널리
얘기할 가치가 있다. 그 이유는 그분이 알아야 하고, 보아야 하고,
들어야 하고, 사랑해야 하고, 신뢰해야 하고, 높이 찬양할 만한 분
이시기 때문이다. 앞서 말한 대로 나의 말은 곧 나의 찬양이다. 하

나님이 내 영혼을 위해 하신 일을 들려주는 이유는 나와 함께 하나님을 예배하자고 초청하기 위해서다.

우리는 우리가 즐거워하는 것을 찬양하기를 좋아한다. 그 이유는 찬양이 단지 즐거움을 표현하는 데 그치지 않고 그것을 완성하기 때문이다. 찬양은 즐거움의 극치다. 찬양은 연인들이 늘 서로를 향해 너무나 아름답다며 칭찬하는 말과 크게 다르지 않다. 표현되지 않은 즐거움은 불완전하다. 새로운 저자를 발견했는데도 아무에게도 그가 얼마나 훌륭한지를 말할 수 없다거나, 길모퉁이를 돌았을 때 느닷없이 웅장한 협곡이 나타났는데도 함께 있는 사람들이 마치 도랑에 처박힌 빈 깡통을 보는 것 같은 반응을 보일까봐 아무 말도 하지 못한다거나, 재미있는 농담을 들었는데도 말해줄 사람이 아무도 없다면 몹시 실망스러울 것이 틀림없다…스코틀랜드 요리문답은 인간의 주된 목적이 "하나님을 영화롭게 하고, 그분을 영원히 즐거워하는 것"이라고 가르친다. 사실 영화롭게 하는 것과 즐거워하는 것은 서로 똑같다. 영화롭게 하는 것은 곧 온전히 즐거워하는 것이다. 하나님을 영화롭게 하라는 하나님의 명령은 곧 하나님을 즐거워하라는 부르심이다.[12]

---

12. C. S. Lewis, Reflections on the Psalms (1958; repr., San Diego, CA: Harcourt Books, 1986), 95–97.

와서 들으라는 시편 저자의 말은 자기와 함께 하나님의 선하심을 즐거워하자는 초청이다. 이 책도 마찬가지다. 모든 단어와 문장과 단락이 하나님이 내게 얼마나 선하신 분이신지를 설명한다. 그분이 내게 선하신 것은 특별한 일이 아니다. 그것이 그분의 인격이다. 그분은 선하심 그 자체이시며, 항상 선하셨고, 앞으로도 여전히 그러실 것이다. 시편 저자의 영혼을 위해 놀라운 일을 행하신 하나님과 나의 영혼을 위해 아름다운 일을 행하신 하나님은 동일하신 하나님이시다. 따라서 그분은 지금도 살아 있는 모든 사람의 영혼을 위해 그와 똑같은 일을 얼마든지 행할 수 있으시다.

개혁된 실천 시리즈 ─────────

1. 조엘 비키의 교회에서의 가정

설교 듣기와 기도 모임의 개혁된 실천

조엘 비키 지음 | 유정희 옮김

이 책은 가정생활의 두 가지 중요한 영역에 대한 실제적 지침을 포함하고 있다. 첫째, 공예배를 위해 가족들을 어떻게 준비시켜야 하는지, 설교 말씀을 어떻게 받아야 하는지, 그 말씀을 어떻게 실천해야 하는지 설명한다. 둘째, 기도 모임이 교회의 부흥과 얼마나 관련이 깊은지 역사적으로 고찰하면서, 기도 모임의 성경적 근거를 제시하고, 그 목적을 설명하며, 나아가 바람직한 실행 방법을 설명한다.

2. 존 오웬의 그리스도인의 교제 의무

그리스도인의 교제의 개혁된 실천

존 오웬 지음 | 김태곤 옮김

이 책은 그리스도인 상호 간의 교제에 대해 청교도 신학자이자 목회자였던 존 오웬이 저술한 매우 실천적인 책으로서, 이 책에서 우리는 청교도들이 그리스도인의 교제를 얼마나 중시했는지 엿볼 수 있다. 이 책은 그리스도인의 교제에 대한 핵심 원칙들을 담고 있다. 교회 안의 그룹 성경공부에 적합하도록 각 장 뒤에는 토의할 문제들이 부가되어 있다.

3. 개혁교회의 가정 심방

가정 심방의 개혁된 실천

피터 데 용 지음 | 조계광 옮김

목양은 각 멤버의 영적 상태를 개별적으로 확인하고 권면하고 돌보는 일을 포함한다. 이를 위해 교회는 역사적으로 가정 심방을 실시하였다. 이 책은 외국 개혁교회에서 꽃피웠던 가정 심방의 실제 모습을 보여주며, 한국 교회 안에서 행해지는 가정 심방의 개선점을 시사해준다.

4. 네덜란드 개혁교회의 자녀양육

자녀양육의 개혁된 실천

야코부스 꿀만 지음 | 유정희 옮김

이 책에서 우리는 17세기 네덜란드 개혁교회 배경에서 나온 자녀양육법을 살펴볼 수 있다. 경건한 17세기 목사인 야코부스 꿀만은 자녀양육과 관련된 당시의 지혜를 한데 모아서 구체적인 282개 지침으로 꾸며 놓았다. 부모들이 이 지침들을 읽고 실천하면 큰 도움을 받을 수 있게 하였다. 의도는 선하더라도 방법을 모르면 결과를 낼 수 없다. 우리 그리스도인 부모들은 구체적인 자녀양육 방법을 배우고 실천해야 한다.

5. 신규 목회자 핸드북

제이슨 헬로포울로스 지음 | 리곤 던컨 서문 | 김태곤 옮김

이 책은 새로 목회자가 된 사람을 향한 주옥같은 48가지 조언을 담고 있다. 리곤 던컨, 케빈 드영, 앨버트 몰러, 알리스테어 베그, 팀 챌리스 등이 이 책에 대해 극찬하였다. 이 책은 읽기 쉽고 매우 실천적이며 유익하다.

6. 신약 시대 신자가 왜 금식을 해야 하는가

금식의 개혁된 실천

대니얼 R. 하이드 지음 | 김태곤 옮김

금식은 과거 구약 시대에 국한된, 우리와 상관없는 실천사항인가? 신약 시대 신자가 정기적인 금식을 의무적으로 행해야 하는가? 자유롭게 금식할 수 있는가? 금식의 목적은 무엇인가? 이 책은 이런 여러 질문에 답하면서, 이 복된 실천사항을 성경대로 회복할 것을 촉구한다.

7. 개혁교회 공예배
공예배의 개혁된 실천

대니얼 R. 하이드 지음 | 이선숙 옮김

많은 신자들이 평생 수백 번, 수천 번의 공예배를 드리지만 정작 예배에 대해서 제대로 이해하지 못하는 경우가 많다. 당신은 예배가 왜 지금과 같은 구조와 순서로 되어 있는지 이해하고 예배하는가? 신앙고백은 왜 하는지, 목회자가 왜 대표로 기도하는지, 말씀은 왜 읽는지, 축도는 왜 하는지 이해하고 참여하는가? 이 책은 분량은 많지 않지만 공예배의 핵심 사항들에 대하여 알기 쉽게 알려준다.

8. 아이들이 공예배에 참석해야 하는가
아이들의 예배 참석의 개혁된 실천

대니얼 R. 하이드 지음 | 유정희 옮김

아이들만의 예배가 성경적인가? 아니면 아이들도 어른들의 공예배에 참석해야 하는가? 성경은 이에 대해 무엇을 말하는가? 아이들의 공예배 참석은 어떤 유익이 있으며 실천적인 면에서 주의할 점은 무엇인가? 이 책은 아이들의 공예배 참석 문제에 대해 성경을 토대로 돌아보게 한다.

9. 마음을 위한 하나님의 전투 계획
청교도가 실천한 성경적 묵상

데이비드 색스톤 지음 | 조엘 비키 서문 | 조계광 옮김

묵상하지 않으면 경건한 삶을 살 수 없다. 우리 시대에 일어나고 있는 일이 바로 이것이다. 오늘날은 명상에 대한 반감으로 묵상조차 거부한다. 그러면 무엇이 잘못된 명상이고 무엇이 성경적 묵상인가? 저자는 방대한 청교도 문헌을 조사하여 청교도들이 실천한 묵상을 정리하여 제시하면서, 성경적 묵상이란 무엇이고, 왜 묵상을 해야 하며, 어떻게 구체적으로 묵상을 실천하는지 알려준다. 우리는 다시금 이 필수적인 실천사항으로 돌아가야 한다.

10. 장로와 그의 사역
장로 직분의 개혁된 실천

데이비드 딕슨 지음 | 김태곤 옮김

장로는 무슨 일을 하는 사람인가? 스코틀랜드 개혁교회 장로에게서 장로의 일에 대한 조언을 듣자. 이 책은 장로의 사역에 대한 지침서인 동시에 남을 섬기는 삶의 모델을 보여주는 책이다. 이 책 안에는 비단 장로뿐만 아니라 모든 그리스도인이 본받아야 할, 섬기는 삶의 아름다운 모델이 담겨 있다. 이 책은 따뜻하고 영감을 주는 책이다.

11. 9Marks 마크 데버, 그렉 길버트의 설교
설교의 개혁된 실천

마크 데버, 그렉 길버트 지음 | 이대은 옮김

1부에서는 설교에 대한 신학을, 2부에서는 설교에 대한 실천을 담고 있고, 3부는 설교 원고의 예를 담고 있다. 이 책은 신학적으로 탄탄한 배경 위에서 설교에 대해 가장 실천적으로 코칭하는 책이다.

12. 북미 개혁교단의 교회개척 매뉴얼
URCNA 교단의 공식 문서를 통해 배우는 교회개척 원리와 실천

이 책은 북미연합개혁교회(URCNA)라는 개혁교단의 교회개척 매뉴얼로서, 교회개척의 첫걸음부터 그 마지막 단계까지 성경의 원리에 입각한 교회개척 방법을 가르쳐준다. 모든 신자는 함께 교회를 개척하여 그리스도의 나라를 확장해야 한다.

13. 예배의 날
제4계명의 개혁된 실천

라이언 맥그로우 지음 | 조계광 옮김

제4계명은 십계명 중 하나로서 삶의 골간을 이루는 중요한 계명이다. 하나님의 뜻을 따르는 우리는 이를 모호하게 이해하고, 모호하게 실천하면 안 되며, 제대로 이해하고, 제대로 실천해야 한다. 이를 위해 우리는 이 계명의 참뜻

을 신중하게 연구해야 한다. 이 책은 가장 분명한 논증을 통해 제4계명의 의미를 해석하고 밝혀준다. 하나님은 그날을 왜 제정하셨나? 그날은 얼마나 복된 날이며 무엇을 하면서 하나님의 복을 받는 날인가? 교회사에서 이 계명은 어떻게 이해되었고 어떤 학설이 있고 어느 관점이 성경적인가? 오늘날 우리는 이 계명을 어떻게 지킬 것인가?

14. 생기 넘치는 교회의 4가지 기초
건강한 교회 생활의 개혁된 실천
윌리엄 보에케스타인, 대니얼 하이드 공저

이 책은 두 명의 개혁파 목사가 교회에 대해 저술한 책이다. 이 책은 기존의 교회성장에 관한 책들과는 궤를 달리하며, 교회의 정체성, 권위, 일치, 활동 등 네 가지 영역에서 성경적 원칙이 확립되고 '질서가 잘 잡힌 교회'가 될 것을 촉구한다. 이 4가지 부분에서 성경적 실천이 조화롭게 형성되면 생기 넘치는 교회가 되기 위한 기초가 형성되는 셈이다. 이 네 영역 중 하나라도 잘못되고 무질서하면 그만큼 교회의 삶은 혼탁해지며 교회는 약해지게 된다.

15. 9Marks 힘든 곳의 지역 교회
가난하고 곤고한 곳에 교회가 어떻게 생명을 가져다 주는가
메즈 맥코넬, 마이크 맥킨리 지음 | 김태곤 옮김

이 책은 각각 브라질, 스코틀랜드, 미국 등의 빈궁한 지역에서 지역 교회 사역을 해 오고 있는 두 명의 저자가 그들의 실제 경험을 바탕으로 쓴 책이다. 이 책은 그런 지역에 가장 필요한 사역, 가장 효과적인 사역, 장기적인 변화를 가져오는 사역이 무엇인지 가르쳐준다. 힘든 곳에 사는 사람들을 긍휼히 여기는 마음이 있다면 꼭 참고할 만한 책이다.

16. 단순한 영성
영적 훈련의 개혁된 실천
도널드 휘트니 지음 | 이대은 옮김

본서는 단순한 영성을 구현하기 위한 영적 훈련 방법에 대한 소중한 조언으로 가득하다. 성경 읽기, 성경 묵상, 기도하기, 일지 쓰기, 주일 보내기, 가정 예배, 영적 위인들로부터 유익 얻기, 독서하기, 복음전도, 성도의 교제 등 거의 모든 분야의 영적 훈련에 대해 말하고 있다. 조엘 비키 박사는 이 책의 내용의 절반만 실천해도 우리의 영적 생활이 분명 나아질 것이라고 한다. 그리고 한 장씩 주의하며 읽고, 날마다 기도하며 실천하라고 조언한다.

17. 지상명령 바로알기
지상명령의 개혁된 실천
마크 데버 지음 | 김태곤 옮김

이 책은 지상명령의 바른 이해와 실천을 알려준다. 지상명령은 복음전도가 전부가 아니며 예수님이 분부하신 모든 것을 가르쳐 지키게 하는 것까지 포함하는 포괄적인 명령이다. 따라서 이 명령 아래 살아가고 있는 그리스도인들은 모든 것을 가르쳐 지키게 하는 그러한 시스템을 구축하고 이를 실천해야 한다. 이 책은 예수님이 이 명령을 교회에게 명령하셨다고 지적하며 지역 교회가 이 일을 수행할 수 있는 실천적 방법들을 구체적으로 다루고 있다. 삶으로 그리스도를 따르는 제자들로 가득 찬 교회를 꿈꾼다면 이 책이 큰 도움이 될 것이다.

18. 목사와 상담
목회 상담의 개혁된 실천
제레미 피에르, 디팍 레주 지음 | 차수정 옮김

이 책은 목회 상담이라는 어려운 책무를 어떻게 수행해야 하는지 차근차근 단계별로 쉽게 가르쳐준다. 상담의 목적은 복음의 적용이다. 이 책은 이 영광스러운 임무를 효과적으로 수행할 수 있도록 첫 상담부터 마지막 상담까지 상담 프로세스를 어떻게 꾸려가야 할지 가르쳐준다.

19. 장로 핸드북
모든 성도가 알아야 할 장로 직분
제랄드 벌고프, 레스터 데 코스터 공저 | 송광택 옮김

하나님은 복수의 장로를 통해 교회를 다스리신다. 복수의 장로가 자신의 역할을 잘 감당해야 교회 안에 하나님의 통치가 제대로 편만하게 미친다. 이 책은 그토록 중요한 장로 직분에 대한 성경의 가르침을 정리하여 제공한다. 이 책의 원칙에 의거하여 오늘날 교회 안에서 장로 후보들이 잘 양육되고 있고, 성경이 말하는 자격요건을 구비한 장로들이 성경적 원칙에 의거하여 선출되고, 장로들이 자신의 감독과 목양 책임을 잘 수행하고 있는가? 우리는 장로 직분을 바로 이해하고 새롭게 실천하여야 할 것이다. 이 책은 비단 장로만을 위한 책이 아니라 모든 성도를 위한 책이다. 성도는 장로를 선출하고 장로의 다스림에 복종하고 장로의 감독을 받고 장로를 위해 기도하고 장로의 직분 수행을 돕고 심지어 장로 직분을 사모해야 하기 때문에 장로 직분에 대한 깊은 이해가 필수적이다.

20. 집사 핸드북
모든 성도가 알아야 할 집사 직분
제랄드 벌고프, 레스터 데 코스터 공저 | 황영철 옮김

하나님의 율법은 교회 안에서 곤핍한 자들, 외로운 자들, 정서적 필요를 가진 자들을 따뜻하고 자애롭게 돌볼 것을 명한다. 거룩한 공동체 안에 한 명도 소외된 자가 없도록 이러한 돌봄이 잘 이루어져야 한다. 이 일은 기본적으로 모든 성도가 힘써야 할 책무이지만 교회는 특별히 이 일에 책임을 지고 감당하도록 집사 직분을 세운다. 오늘날 율법의 명령이 잘 실천되어 교회 안에 사랑과 섬김의 손길이 구석구석 미치고 있는가? 우리는 집사 직분을 바로 이해하고 새롭게 실천하여야 할 것이다. 그것은 교회 공동체를 향한 하나님의 거룩한 뜻이다.